Melanie Eises

Großes Mal- und Zeichenbuch

Bildnachweis

Fotografien:
David Asten: 136, 140, 144, 146, 152; Barnaby's Picture Library: 158; Colour Library International: 69, 82, 84, 90; The Trustees of the National Gallery: 9 (unten), 54, 55 (unten), 56, 81 (unten), 95; The Tate Gallery: 57, 58, 73.

Illustrationen:
David Astin: 131–160; Paul Chapelle: 39 (oben); Malcolm Henwood: 61 (unten), 62, 63 (oben), 64 (unten), 65 (unten), 66, 67 (unten), 68, 72, 81 (oben), 82 (oben), 84 (oben), 93 (oben), 94; Tudor Humphries: 78, 79, 86, 87, 88, 89; Brian Liddle: 8, 9 (oben), 11 (unten), 14, 15, 20–29, 32–38, 39 (unten), 42–47, 50, 51 (oben); Samuel Marschall: 40, 41, 96–105, 108–131; Martin Reiner: 69, 70, 71, 74, 75; Gavin Rowe: 60, 61 (oben); Andrew Skilleter: 83; Roger Swanborough: 30 (rechts), 31, 53; John Thompson: 48, 49, 64 (oben), 65 (oben), 85; Michael Vicary: 80, 81 (Mitte); T.W. Ward: 106, 107; Paul Wright: 63 (unten), 66 (links oben), 67 (oben), 76, 77, 90, 91, 92, 93 (unten); Alex Zwarenstein: 7, 10, 11, 12, 13 (oben), 16–19, 51 (unten).

Textbeiträge:

David Astin (Seite 132–160), Alfred Daniels (Seite 60–95), Brian Liddle (Seite 6–59) und Samuel Marshall (Seite 96–131).

Titel der Originalausgabe: *Learn to Paint & Draw*
Für die deutsche Ausgabe:

Umschlaggestaltung: Rincón Partners, Köln
Satz: Fotosatz Weihrauch, Würzburg
Printed in Hong Kong
ISBN 3-625-20256-5

Großes Mal- und Zeichenbuch

Übersetzung aus dem Englischen
von Erica Mertens-Feldbausch

NAUMANN & GÖBEL

Inhalt

Einführung

Gibt man einem Kind Bleistift und Papier in die Hand, ist die nächste Frage mit Sicherheit: »Was soll ich zeichnen?« Für den angehenden Künstler aber geht es nicht allein um das »Was?« Er fragt sich, ob er für den Anfang besser mit Bleistift, Kohle oder Tusche zeichnen soll und ob er sich bei Landschaften zunächst mit Aquarell- oder Ölfarben leichter tut. Das große Mal- und Zeichenbuch wurde von aktiven Künstlern geschrieben und illustriert, um dem Anfänger alles Wissenswerte über Materialien und Techniken zu vermitteln.

Ausschlaggebend für einen guten Start beim Zeichnen und Malen sind fundierte, praktisch verwertbare Kenntnisse über die Vielfalt an verfügbaren Materialien. Das erste Kapitel befaßt sich nicht nur mit diesen Dingen, sondern zeigt Ihnen anhand entsprechender Illustrationen Schritt für Schritt, wie Sie beim Malen der verschiedenen Motive am besten vorgehen. Im weiteren Verlauf des Buches werden dann Einzelthemen angesprochen und in leicht verständlicher Weise die Probleme von Licht und Schatten, Richtlinien für die Bildkomposition und die Grundregeln der Perspektive dargelegt. Das Buch lüftet den Schleier des Geheimnisvollen, der seit eh und je über diesen Elementen der Zeichen- und Malkunst liegt, und ermutigt so den Leser, jedes Thema praktisch und zugleich schöpferisch anzugehen und seine Fähigkeiten und seine Phantasie zu entdecken und zu entfalten.

Techniken

Weshalb Techniken erlernen?

Zu jeder künstlerischen Arbeit gehören ein gewisses Maß an technischem Wissen und die Fähigkeit zum Umgang mit Materialien, um eine persönliche Aussage vermitteln zu können. Technisches Wissen könnte man als Beherrschung der jeweiligen Arbeitsgänge definieren, aus denen das eigentliche Kunstwerk entsteht. Dazu zählt unter anderem die Fähigkeit, Materialien so auszuwählen und den Malgrund so vorzubereiten, daß der Künstler auch einiges Vertrauen in die Beständigkeit seines Werkes setzen kann.

In einigen berühmt gewordenen Fällen verleitete der Wunsch nach Erprobung und Anwendung neuer Techniken Maler zu riskanten Praktiken. Das vielleicht bekannteste Beispiel hierfür war die in der viktorianischen Ölmalerei häufige Verwendung einer asphalthaltigen schwarzen Farbe, durch die man den Farbton der Gemälde dunkler machen und den Eindruck eines alten Meisters erwecken wollte. Dieses Schwarz verwusch nicht nur die Farben, sondern schrumpfte auch beim Trocknen und ließ dadurch in zahlreichen Bildern Risse entstehen. Die meisten traditionellen Malgründe sind anfällig für Temperatur- und Witterungsschwankungen, und die umfangreichen Werkstätten zur Restaurierung von Meisterwerken in sämtlichen größeren Galerien und Museen sind Zeugnis für die Unbeständigkeit bemalter Flächen. Wenn man sorgfältig arbeitet, kann man aber auch sichergehen, daß Farben ihre Dichte und Leuchtkraft behalten und sich der Malgrund nicht verzieht.

Künstlerische Techniken, d.h. die Art und Weise, in der die Farben auf den Untergrund aufgebracht werden, sind wesentlicher Bestandteil der künstlerischen Einmaligkeit. Aus der Suche nach den geeignetsten Ausdrucksmitteln sollte sich allmählich eine individuelle Technik ergeben. Bevor ein Künstler aber seine eigene, ausgereifte Ausdrucksform erreicht, zu der die Ablehnung orthodoxer Methoden durchaus gehören kann, eignet er sich gewöhnlich einige Kenntnisse über grundlegende, traditionelle Arbeitsmittel und -methoden an. Fachliches Wissen ist in jedem größeren Kunstwerk unübersehbar, und der Schüler sollte seine Kunst nicht nur praktizieren und über sie lesen, sondern sich auch mit den Originalwerken der großen Künstler eingehend befassen. Die Niederländer waren es, die die

Links oben und unten: *Durch Lavieren mit Tusche lassen sich viele ganz spezifische Töne erreichen. Mit der Zeichenfeder verarbeitet, ermöglicht sie eine Strichführung von unerreichter Prägnanz.*
Rechts oben und unten: *Aquarellfarben sind leicht zu verarbeiten, bringen die Oberflächenstruktur des Papiers zur Geltung und lassen sich übereinanderlegen; die Palette an Farbtönen ist reichhaltig. Sie eignen sich ideal zum Skizzieren, mit zunehmender Erfahrung aber auch für Kunstwerke jeglichen Formats.*

Ölmalerei zur Vollendung brachten, und jahrhundertelang kamen zahlreiche der führenden Künstler auf diesem Gebiet aus den Niederlanden. Beschäftigen Sie sich mit van Dyck, Rembrandt, Vermeer und van Gogh, deren individuelle Malweise für die Entwicklung nachfolgender Künstlergenerationen eine bedeutende Rolle spielte. Was die Aquarellmalerei angeht, sollten Sie sich mit dem Werk der englischen Meister aus dem 19. Jahrhundert befassen – mit den Bildern von Cotman, Turner, Constable und Cox, sowie der großen amerikanischen Maler des 19. und 20. Jahrhunderts wie Prendergast, Winslow Homer und Bellows, John Singer Sargent und Hopper. Sie konnten alles, worauf es ihnen ankam, meisterhaft zum Ausdruck bringen.

Oben: *Beispiel für kräftige, direkte Pinselführung, oftmals auch »naß-in-naß«, mit der auch van Gogh arbeitete.*

Rechts: *Mit den* Sonnenblumen, *seinem vielleicht bekanntesten Werk, erreichte van Gogh den Höhepunkt seiner Maltechnik. Er beklagte das rasche Dahinwelken der Blumen und sah sich gezwungen, »das Ganze in einem Zug« zu malen. Daher dürfte er eine Vorzeichnung des Motivs mit Kohle für unnötig gehalten haben. Das Bild ist nach alla prima-Manier gemalt, wodurch Übermalungen überflüssig waren.*

Bleistift

Bleistift ist eines der vielseitigsten Zeichenmedien, die dem Künstler zur Verfügung stehen. Er paßt in jede Tasche, macht keinen Schmutz und läßt sich ausradieren; er kann unerbittlich und hart oder weich und einfühlsam sein und ist zusammen mit einem Skizzenblock oder einem anderen Zeichengrund immer für Skizzen und Zeichnungen zur Hand.

Welcher Bleistift gebraucht wird, hängt häufig vom Motiv ab; eine sanfte, dunstverhangene Landschaft verlangt vielleicht nach einem weichen

Oben: *Kraftvolle plastische Ausarbeitung mit unterbrochener Strichführung in zwei Bleistifthärten.*

Links und unten: *Zarte Kreuzschraffur mit HB- und F-Bleistift.*

Stift, mit dessen schräg gehaltener Spitze verschwommene, unscharfe Linien entstehen, während das Gesicht eines alten Mannes mit einem härteren Strich deutlicher herauskommt. Legen Sie sich am besten ein Sortiment von Blei- bzw. Graphitstiften an – vom weichsten mit dem Härtegrad 8B bis zum härtesten mit der Bezeichnung 9H. Mit der Spitze eines 6B-Graphitstiftes lassen sich weiche, fließende Linien zeichnen und mit schräg aufgesetzter Spitze gleichmäßige Schattierungen anlegen.

Mittlere Härtegrade, d.h. HB, B und 2B eignen sich vor allem, wenn Sie länger zeichnen wollen, beispielsweise einen Tag lang draußen in der Landschaft, oder wenn Sie stundenlang mit einem lebenden Modell arbeiten. Legen Sie die Zeichnung zunächst ganz zart an, und bauen Sie dann die Schattierungen nach und nach mit B- und 2B-Stiften auf, wenn Sie sich sicher sind, daß die Proportionen stimmen. Zum leichten Vorzeichnen eignet sich ein 2H-Stift, der immer spitz sein sollte, weil er vor allem für feine, scharfe Strichführung eingesetzt wird. Ein Bleistift, den die meisten Zeichner für unentbehrlich halten, ist der Härtegrad F – ein Mittelding zwischen hart und weich und ideal zum Skizzieren.

Kohlestift und andere Stifte

Im Vergleich zum gewöhnlichen Blei- oder Graphitstift wirken Striche mit

Studien zu verschiedenen Effekten und Stimmungen, die sich mit mittelhartem bis weichem Bleistift erzeugen lassen. Unter jeder Abbildung läßt ein Detailausschnitt die jeweilige Bleistifthärte deutlich erkennen. Von links nach rechts: (oben) F und HB, (unten) B, 3B und 5B.

härtem bis weichem Kohlestift schwärzer und kreideähnlicher und lassen sich mit einem Radiergummi oder Wischer verreiben. Daneben gibt es die sog. »französischen« Kreiden (Conté-Kreiden) in den drei Härtegraden Nr. 1 (mittel), Nr. 2 (weich) und Nr. 3 (extra weich). Sie wirken in der Strichführung interessant, sind etwas fetter als Kohle, nicht ganz so leicht verwischbar, aber im Ton kräftig. Durch mehrmaliges Überzeichnen wird der Strich intensiver und dunkler. Ein weiteres Plus dieser Conté-Zeichenkreiden, die es als Stift und Mine gibt, sind die harmonischen, erdigen Farben Rötel, Sepia und Bister; dazu kommt dann noch Weiß.

Darüber hinaus werden noch vielerlei Arten von Stiften angeboten: Druckstifte, Graphitminen usw., mit denen zu experimentieren sich allemal lohnt.

Oben: *Mit sehr spitzen F- und HB-Stiften und leichter Strichführung wurden hier die wesentlichen Züge einer Ballerina herausgearbeitet. Wo es auf die Zartheit der Linien ankommt, sollte man auf das Radieren verzichten.*

Oben: *Die zarten Tonabstufungen in dieser Studie wurden mit Bleistiften der Härtegrade H bis 3B erreicht. Zum Schattieren wurde die Bleistiftspitze sehr schräg gehalten und so Kreuzschraffur weitgehend vermieden.*

Links: *Durch sehr zurückhaltende Strichführung mit einem stumpfen B-Bleistift entstanden weiche Konturen. Obwohl »unfertig«, bedarf dieses Bild keiner weiteren Bearbeitung.*

Zeichenkohle

Zeichen- oder Reißkohle, in ihrer traditionellen Form aus Weiden- oder Rebenzweigen geglüht, ist der älteste Typ von Zeichenstift und eignet sich – vor allem für den Anfänger – besonders gut für größere Zeichnungen. Während der Bleistiftstrich sehr straff und eng geführt werden kann, muß eine flächige Kohlezeichnung großzügiger angelegt werden. Die besondere Eigenheit der Zeichenkohle liegt darin, daß sich große Flächen rasch füllen lassen und sie durch bloßes Abwischen wieder zu entfernen ist. Dank ihrer leichten Handhabung ist sie hervorragend geeignet, das Selbstvertrauen zu stärken, und dies sollten Sie nutzen. Für Details lassen sich mit einem harten Kohlestift die besten Resultate erzielen.

Zeichenpapier und -utensilien

Um mit Ihren Zeichenstiften immer einwandfrei arbeiten zu können, soll-

Oben: *Kräftiger Einsatz von Bleistiften der Härtegrade 4B und 6B ruft die besondere Stimmung dieser Abbildung hervor. Das Tiefschwarz der Bleimine blieb durch hartes Zeichenpapier erhalten.*

Oben: *Diese Zeichnung mit feinen und schwierigen Details entstand mit F- und B-Bleistiften, die immer sehr spitz waren. Schattiert wurde im wesentlichen durch Flächentönung.*

Oben: *Für dieses Motiv bot sich die Verwendung von Conté-Kreiden mit ihren erdigen Farben an. Die Kreiden lassen sich anspitzen, können aber weder über noch mit Bleistift verarbeitet werden.*

ten Sie ständig einen Bleistiftspitzer oder ein scharfes Messer mit solidem Griff parat haben. Wichtig ist auch ein Radiergummi, mit dem nicht nur Fehler beseitigt, sondern auch Konturen verwischt und Zeichnungen aufgehellt werden. Radiergummis gibt es aus Naturgummi oder Kunststoff sowie als Knetgummi. Die Gummis aus natürlichem Material sind unterschiedlich weich; mit den härteren lassen sich tief eingegrabene Striche entfernen, während man schwächere Linien und Kohle mit einer weicheren Sorte wegnimmt. Recht brauchbar sind auch Knetgummis, die sich nach Belieben formen lassen.

Reiben Sie Ihre Gummis immer an einem weißen Papier sauber, damit Sie keine Zeichnung verderben.

Der Bleistiftstrich selbst wird von der Körnung des Zeichenpapiers und der Härte seiner Oberfläche beeinflußt. Harter Bleistift aus der H-Skala kommt am besten auf feinkörnigem Papier heraus, während ein weicher, dunkler Stift sich zwar gleichfalls für diese Papiersorte eig-

Links: *Mit schwarzer Conté-Kreide mittlerer Härte lassen sich nicht nur kräftige Schattierungen anlegen, sondern auch klar erkennbare Konturen zeichnen.*

net, bei etwas gröberem Korn aber sehr effektvoll ist und die Oberflächenstruktur erkennen läßt. Natürlich hängt die Bleistifthärte auch von Art und Maßstab der Zeichnung ab. Für eine kleine technische Zeichnung brauchen Sie einen harten Stift und damit auch glattes, feinkörniges Papier.

Mit durchgefärbten Zeichenpapieren lassen sich noch mehr Effekte erzielen. Nehmen Sie aber kein dunkles Tonpapier, weil Ihr Werk sonst an Wirkung einbüßt – es sei denn, Sie möchten mit Weiß Lichter aufsetzen.

Zeichnen mit Bezugspunkten

Wer die Grundregeln der Perspektive kennt, tut sich leichter. Trotzdem ist es möglich, ein dreidimensionales Motiv auch mit Hilfe von Bezugspunkten und Hilfslinien auf eine zweidimensionale Oberfläche zu übertragen. Form und Größe des Zeichen- oder Malgrundes müssen dem Sujet gerecht werden. Bei der hier abgebildeten Zeichnung beispielsweise war unschwer zu erkennen, daß für das Motiv ein quadratisches Format geeignet war und daß sich das Boot etwas nach rechts neigte. Ziehen Sie zunächst eine senkrechte Linie durch die Blatt- oder Leinwandmitte, die gleichzeitig der Mitte des Sujets entsprechen solle und auch Zentrum

Die vier Skizzen und Zeichnungen auf diesen Seiten zeigen, daß sich ein Bild auch ohne perspektivische Kenntnisse mühelos und genau aufbauen läßt.

1

2

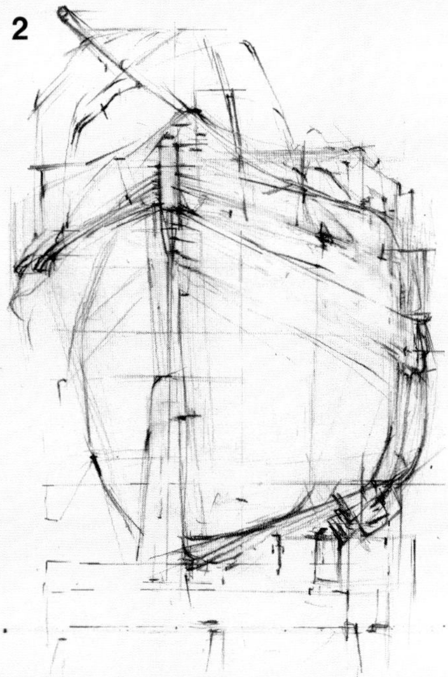

3

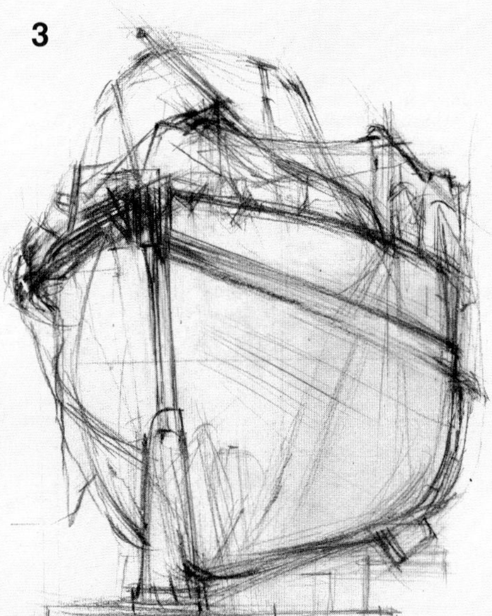

des Blickwinkels ist. Halten Sie nun den Bleistift auf Armeslänge entfernt, und messen Sie die äußeren Begrenzungen des Motivs in Bleistiftlängen ab. Auf diese Weise kann man – von beiden Seiten der Mittellinie ausgehend und entlang dieser Vertikalen selbst – die Ober- und Untergrenze der Zeichnung festlegen.

Sobald diese Punkte eingezeichnet sind, legt man wiederum unter Zuhilfenahme des Bleistiftes die Winkel und Kanten der Motivumrisse fest. Bewegen Sie den Stift kreuz und quer über das gesamte Sujet, und bestimmen Sie Abstände und relative Größen. Das Ergebnis ist ein Spinnennetz aus Markierungspunkten und Hilfslinien für die Details innerhalb der Umrisse und eine Unterteilung. Auch wenn Ihnen die Gegenstände im Vordergrund verkürzt erscheinen, lassen sich Entfernungen, Höhe und Tiefe zuverlässig bestimmen und festlegen.

Beim Ausarbeiten der feineren Details können Sie das Netz von Hilfslinien entweder ausradieren oder in das Gesamtbild mit einbeziehen. Danach beginnt man, der Zeichnung durch Schattierung der größeren Flächen Fülle zu geben.

Bei Zeichnungen, die als Fundament für ein Gemälde gedacht sind, sollte man in diesem Stadium zum Pinsel greifen und die einfarbigen und die farblich abgestuften Flächen grob anlegen. Zunächst jedoch müssen Bleistift- oder Kohlespuren wegradiert bzw. abgewischt werden, damit die Farben nicht verschmutzen.

4

Farbstift

Mit dem Aufkommen der weniger an Traditionen gebundenen Pop Art hat sich auch der Farbstift einen eigenen Platz als ernstzunehmendes künstlerisches Mittel erobert. Dieser einfache Stift – einst als unkompliziertes und leicht zu handhabendes Malutensil für Kinder geschätzt – erweist sich heute in der Hand des Könners als außergewöhnlich vielseitig.

Die Farbskala ist ungemein reichhaltig. Die Töne lassen sich lasierend übereinandermalen, können aber auch deckend als leuchtende Flächen aufgetragen werden. In der Werbegraphik hat man die Möglichkeiten, diese Farben zu mischen, bis hin zu einem verblüffenden Fotorealismus ausgeschöpft, während z.B. David Hockney in seinen heiteren, anmutigen und dekorativen Zeichnungen den Farbstift wieder ganz anders einsetzte.

Auch wasserlösliche Stifte werden angeboten. Wie der Name bereits sagt, lassen sie sich in eine Art Aquarellfarben umwandeln, indem man die Spitze beim Arbeiten entweder ins Wasser taucht oder die fertige Zeichnung mit Wasser überpinselt, damit die Farben verfließen. Die Stifte gibt es abgepackt, aber auch einzeln, so daß man sich seine Farben nach Belieben zusammenstellen kann. Lücken in der Farbskala eines Herstellers lassen sich so mit Farbtönen eines anderen Fabrikates füllen.

Für die Arbeit mit Farbstiften eignen sich viele Papiersorten, am besten aber dürfte glattes, weißes Zei-

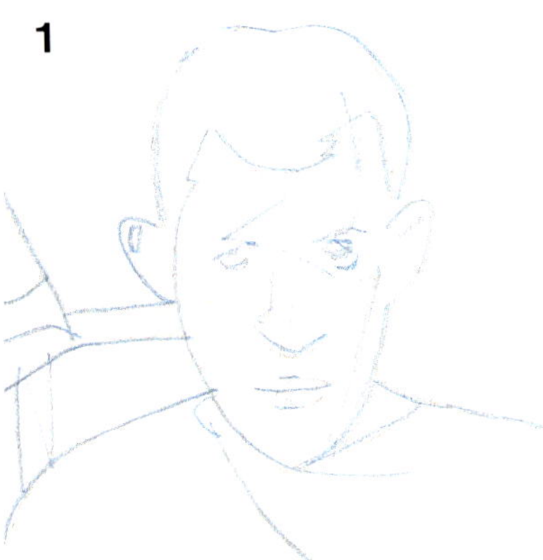

Oben: *Farbstifte gibt es in einer enormen Vielfalt an Tönen.*

Links: *Die erste Skizze wurde mit einem hellblauen Stift vorgezeichnet. In der zweiten Phase wurden die vorherrschenden Grundfarben angelegt. Abbildung 3 zeigt die Art und Weise, in der die fleischfarbenen Töne durch Übereinanderlegen von wärmeren Farben aufgebaut und für die Schattenflächen kühlere Farben verwendet wurden.*

chenpapier sein, nicht zu stark satiniert, damit der Stift nicht abrutscht. Hartes, weißes Papier gibt Leuchtkraft, körniges läßt die Oberflächenstruktur zur Geltung kommen, und Tonpapiere eignen sich am besten

Oben: *Dreh-, Druck- und gewöhnlicher Bleistift; dazu die gebräuchlichsten Farbstifte und Utensilien zum Radieren und Spitzen.*

Rechts: *Das Gesicht ist am sorgfältigsten ausgearbeitet und zieht daher die Aufmerksamkeit auf sich, während sich die übrigen Formen zum Rand hin eher auflösen.*

Unten: *Haben Sie keine Angst, ohne Vorzeichnung zu arbeiten, und ändern Sie ruhig die Formen solange, bis sie stimmen.*

für »Stimmungs«-Bilder. Sehr effektvoll kann auch dunkles, gedämpft getöntes Papier sein, weil es den Farben zusätzliche Leuchtkraft verleiht.

Fehler lassen sich am besten mit einem Radiergummi aus hartem Kunststoff ausmerzen. Einen Schreibmaschinenradiergummi sollten Sie nur dann nehmen, wenn gar nichts mehr hilft, weil er das Papier aufrauht und sich die Farben nicht mehr mischen lassen. Für kleine, örtlich begrenzte Korrekturen haben sich Radierschablonen recht gut bewährt.

Strichführung

Eine wichtige Rolle spielt der Maßstab einer Zeichnung. Meiden Sie zu große Formate, bei denen das Stricheln leicht reizlos und mechanisch wirkt. Intensität und Härtegrad des Stiftes kommen bei kleinen, überschaubaren Maßen am besten zur Geltung. Denken Sie immer daran, daß sich Farbstifte lasierend übereinandermalen lassen und daß man eine Farbe so über die andere schraffieren kann, daß der darunterliegende Ton durchscheint.

Eine große Fläche gleichmäßig anzulegen zählt zu den schwierigsten Techniken, weil jede noch so geringe Andruckschwankung den Farbton verändert. Am besten ist es noch mit einer langen, gut abgestumpften Stiftspitze zu schaffen. Für dunkle, gleichmäßige Flächen baut man die Farbe in Schichten auf. Sie können auch helle Farben über dunkle legen, müssen dabei aber kräftig aufdrücken, und bei kleinen Flächen wird die Stiftführung schwierig. Wenn Sie eine Farbfläche scharf abgrenzen wollen, decken

Oben: *Zunächst wurde die Komposition dieses Landschaftsbildes in Form heller Farbflächen angelegt. Erst dann wurden die Details eingefügt, wobei die Farben so übereinandergelegt wurden, daß Ton und plastisches Erscheinungsbild den Vorstellungen entsprachen.*

Rechts: *Um den Eindruck von Sonnenlicht auf den bunten Liegestühlen zu erwecken, waren eine sorgfältige Komposition und kräftige Farben vonnöten. Sie wurden in einfarbigen Flächen nebeneinander aufgetragen und nur dort übereinandergelegt, wo die Farbskala einer Ergänzung bedurfte.*

Sie die Kante am besten mit einem dünnen Papierstreifen ab und übermalen ihn.

Dank der breitgefächerten Palette von Farben und der Vielfalt an Tönen lassen sich feinste Farbabstufungen aufbauen oder abrupte Farb- und Tonwechsel vornehmen. Was dabei herauskommt, ist ein sehr lebendiges Bild. Wie man so etwas zuwege bringt, lernen Sie am besten, wenn Sie eines Ihrer Lieblingsgemälde mit Farbstift kopieren und die Farben und Abstufungen zu treffen versuchen.

Porträts und Landschaften

Für Porträtstudien braucht man neben hautfarbenem Stift auch Rosa, Karmesinrot, Rot, Kobaltblau, Kadmiumgelb, Dunkelblau und Purpur. Skizzieren Sie zunächst das Gesicht in seinen Proportionen. Diese Vorzeichnung verschwindet – wenn sie zart genug angelegt ist – nach und nach unter den warmen Decktönen. Kolorieren Sie die gesamte Gesichtsfläche mit dem hautfarbenen Stift, und verleihen Sie ihm anschließend mit Hilfe von Rot, Gelb und Blau plastisches Aussehen. Denken Sie auch daran, daß sich kühle Farben wie Blau, Grün und Purpur häufig in Schattenflächen finden, während warme Gelb- und Rottöne an hellen Stellen vertreten sind.

Bei Landschaften herrschen Blau- und Grüntöne vor, dazu zwei Varianten von Rot und Kadmiumgelb. Skizzieren Sie wieder zart vor, und dekken Sie dann alles mit den Farben ab, die Ihrer Ansicht nach die Szenerie bestimmen. Details werden nach und nach mit den übrigen Farben ausgearbeitet.

Pastellstift

Pastellstifte oder -kreiden sind reine Pigmente, die mit einem Minimum an Bindemittel zusammengehalten werden. Samtige, weiche Stifte gibt es von verschiedenen Herstellern.

Härtegrad und Preis richten sich nach dem verwendeten Pigment.

Pastellfarben mischen

Pastellfarben lassen sich zwar mischen, aber man kann maximal drei Töne übereinanderstreichen, weil sonst die Leuchtkraft der Farben verlorengeht. Zum Glück ist die Auswahl an wunderschönen Farben ungewöhnlich vielfältig, so daß sich unnötiges Mischen dadurch vermeiden läßt, daß man das Farbensortiment nach und nach erweitert.

Mischen kann man die Pastelltöne auf zweierlei Weise: Entweder man trägt die Farben tatsächlich übereinander auf, oder man macht sich eine optische Täuschung zunutze, bei der das Auge die dicht an dicht nebeneinander aufgebrachten Farben als vermischt wahrnimmt.

Oben: *Pastellfarben, auf zwei verschiedene Tonpapiere aufgetragen, lassen erkennen, wie eine Farbe auch von der Färbung des Untergrundes abhängt. Man sieht, daß sich Pastellkreiden nicht immer sauber und mühelos auftragen lassen.*

Rechts: *Mischen kann man Pastellfarben entweder durch leichtes Reiben oder Verwischen oder – und das wirkt etwas feiner – durch verschiedene, dicht aneinanderstoßende Strichlagen, bei denen sich die Töne optisch vermischen.*

Gegenüber: *Bei dieser Zeichnung wurden beide Mischtechniken angewandt: Die Schattenflächen unter den Fischköpfen sind verwischt, während der Glanz auf den Schuppen durch gebrochene Farbfelder entsteht. Bei den Augen und dem Einwickelpapier ist die Farbe ganz normal aufgetragen.*

Zeichengründe

Wer zum ersten Male mit Pastellstiften zeichnet, beginnt am besten mit Tonpapier; braunes Packpapier eignet sich gleichfalls.

Bei genauer Betrachtung stellt man fest, daß Toulouse-Lautrec bei vielen seiner Pastellzeichnungen die Papierfarbe gekonnt in das Gesamtbild mit einbezogen hat. Aufgerauhtes Zeichenpapier verleiht – ähnlich wie bei Aquarellfarben – auch den Pastellkreiden Leuchtkraft, reibt aber die Stifte ungewöhnlich stark ab, weil es beinahe wie eine Raspel wirkt. Das Zeichentempo auf sehr rauhen Papieren wird allein schon durch die Mühe gebremst, eine ausreichend deckende Pigmentschicht aufzubauen.

Erste Versuche

Klug ausgewählte Motive bringen die besten Eigenschaften von Pastellstiften zutage – rasche Verarbeitung, wunderschöne Farben und Oberflächenstruktur.

Degas, ebenfalls ein Meister der Pastellmalerei, ist in diesem Zusammenhang eine genaue Betrachtung wert. Er baute die Formen in Schichten auf, die er einzeln fixierte, und verlieh seinen Bildern mit ungemein kühner und gekonnter Strichführung Farbe und Textur, Helligkeit und Gestalt. Die Genialität von Degas und Lautrec lag in ihrer Fähigkeit, trotz des dicken Strichs zarteste Details wiederzugeben. Beginnen Sie mit einem Motiv, das sich vereinfachen läßt. Das dürfen ruhig Bäume oder Blumen sein, solange Sie sich nicht verzetteln. Versuchen Sie, »Masse« zu vermitteln und die Kreide nicht wie einen Bleistift zu benutzen. Kleinteilige Beschriftungen oder Muster lassen Sie entweder weg oder vereinfachen sie.

Vermutlich werden diese anfänglichen Versuche etwas grob und unbeholfen aussehen. Mit zunehmender Erfahrung kommt man jedoch dahinter, wann man radieren oder mischen kann, wann man den Effekt einzelner Striche ausnutzen sollte oder es besser bei einer geschlossenen Farbfläche beläßt und wo sich ein Farbtupfer noch höchst wirkungsvoll aufsetzen ließe. Ob Sie die fertige Zeichnung fixieren wollen oder nicht, bleibt Ihnen überlassen. Fixativ festigt den Farbstaub, wirkt aber gleichzeitig als Bindemittel und

Othello-Kreiden, nicht ganz so farbintensiv wie traditionelle Pastellkreiden, lassen sich spitzen und – wie in dieser Studie eines Clownkopfes – für feine Detailarbeit verwenden.

hinterläßt manchmal Flecken. Durch zu ausgiebiges Fixieren verändern sich die Farbtöne mitunter schlagartig und unwiderruflich, und Stellen mit nicht verdunstetem Fixativ sind eindeutig sichtbar. Am besten verwendet man einen ganz dünnen Überzug; er wird in Zehnminutenabständen in drei Schichten aufgebracht, und zwar nicht mit der Aerosolflasche, sondern mit einem Mundzerstäuber.

Es bleibt nicht aus, daß Pastellkreiden mit der Zeit in immer kleinere Stücke zerbrechen; keine Papierbanderole schützt sie mehr, und sie verschmieren sich gegenseitig. Nicht selten wird der Inhalt eines Pastellkastens zu einem Sammelsurium schmutzfarbener Kreidestückchen, und nur ein Strich am Papierrand bringt die ursprüngliche Leuchtkraft zutage. Dieses Durcheinander können Sie sich ersparen, wenn Sie Ihre Pastellstifte regelmäßig mit einem weichen Lappen säubern oder einander ähnelnde Farbtöne in getrennten Schachteln aufbewahren.

Die Arbeit mit Pastellkreiden verlangt nicht unbedingt nach pedantischer Strichführung. In dieser Figurenstudie ist das Wesentliche der Form festgehalten, ohne daß es der Zeichnung an Großzügigkeit und Direktheit fehlt.

Tusche

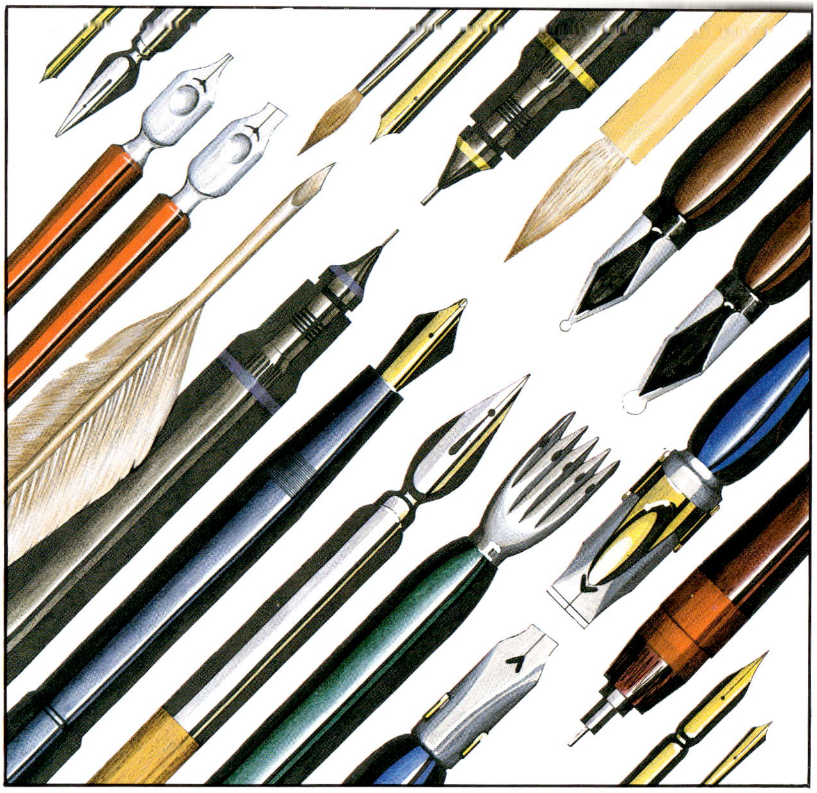

Die am häufigsten verwendete Zeichentusche ist die wasserfeste schwarze Ausziehtusche. Sie eignet sich hervorragend zur Reproduktion, und Fehler lassen sich mit Deckweiß korrigieren. Sogar Flüssigkeiten, die vielleicht aus Versehen über die Zeichnung geschüttet werden, können der Ausziehtusche nichts anhaben. Hauptnachteile dieses Mediums sind seine Neigung, unter Lufteinwirkung in der Flasche allmählich seine Konsistenz zu verändern, und seine enorme Farbintensität – Kleckse auf Kleidung und Papier lassen sich so gut wie nicht entfernen.

Handelsübliche Tuschen sind in einer Vielzahl von Fabrikaten, vor allem von amerikanischen, britischen und deutschen Herstellern auf dem Markt. Sämtliche Produkte unterscheiden sich in Konsistenz und Dichte etwas voneinander. Am besten probieren Sie ein paar Sorten

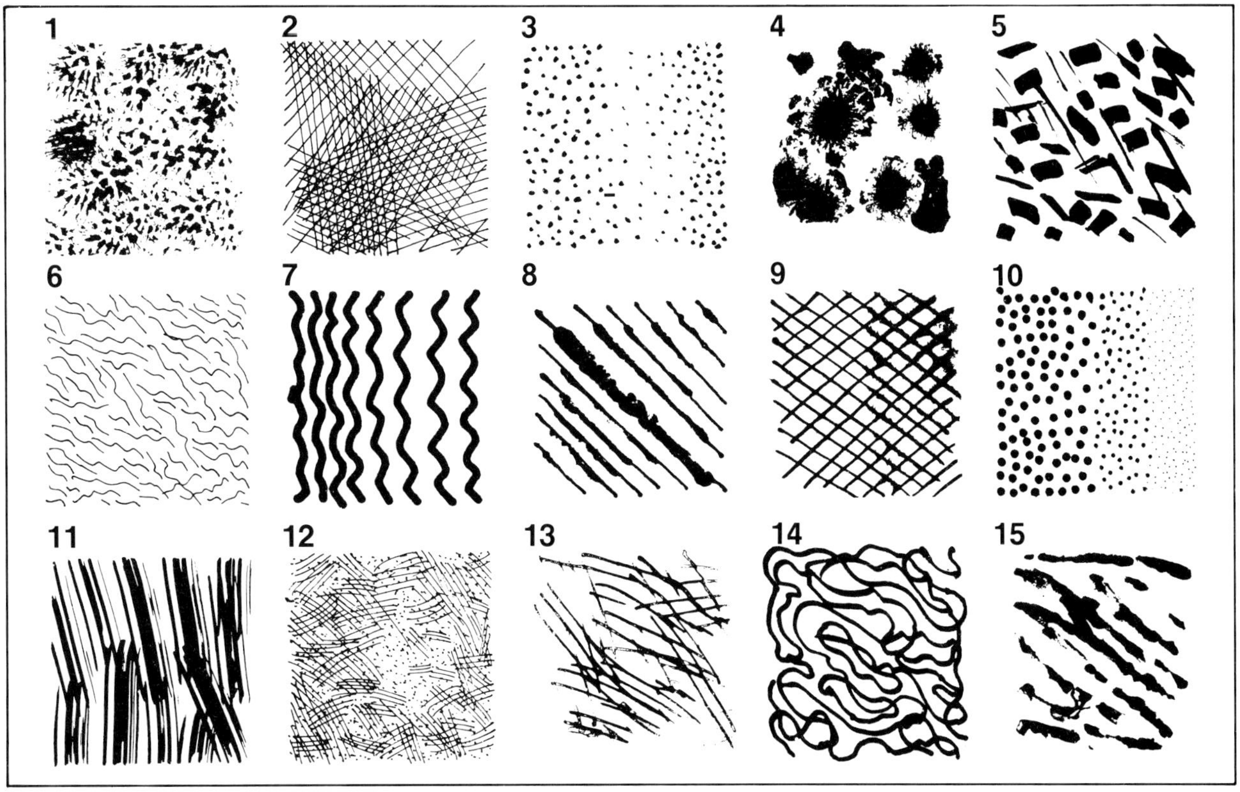

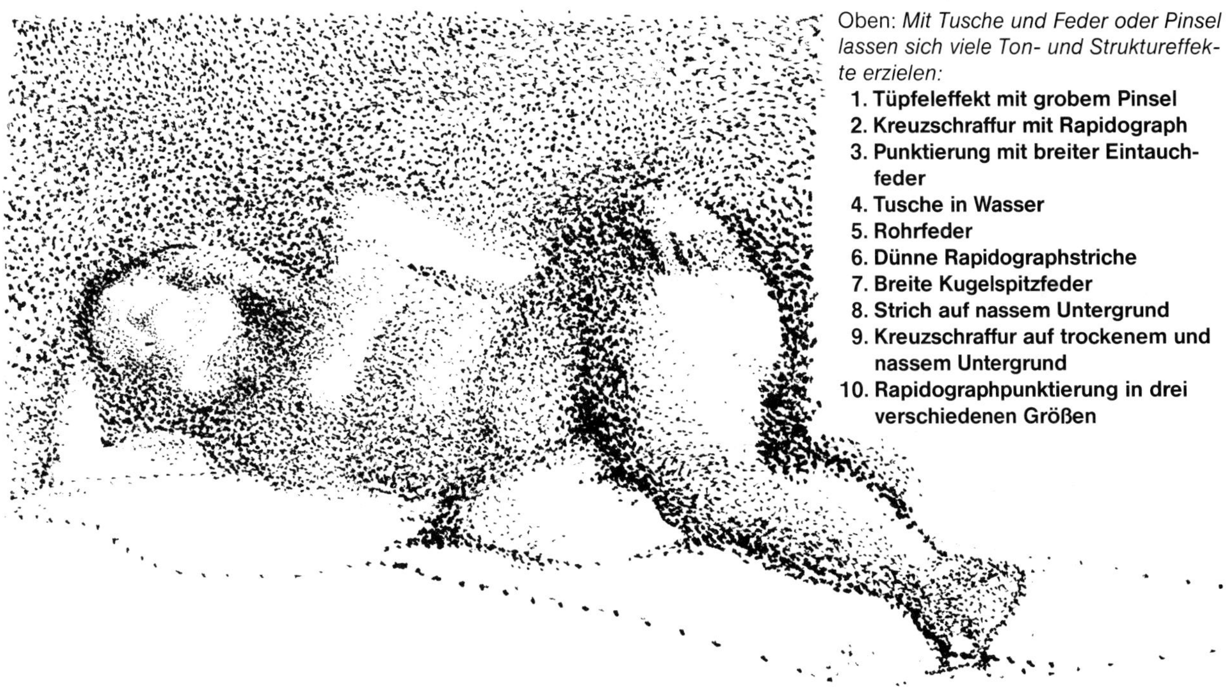

Oben: *Mit Tusche und Feder oder Pinsel lassen sich viele Ton- und Struktureffekte erzielen:*

1. **Tüpfeleffekt mit grobem Pinsel**
2. **Kreuzschraffur mit Rapidograph**
3. **Punktierung mit breiter Eintauchfeder**
4. **Tusche in Wasser**
5. **Rohrfeder**
6. **Dünne Rapidographstriche**
7. **Breite Kugelspitzfeder**
8. **Strich auf nassem Untergrund**
9. **Kreuzschraffur auf trockenem und nassem Untergrund**
10. **Rapidographpunktierung in drei verschiedenen Größen**

Gegenüber oben: *Der Künstler kann aus einem enormen Angebot an Federn wählen – angefangen bei der feinsten Edelstahlfeder bis hin zur Kunstschriftfeder.*
Links: *Diese Flußszene entstand innerhalb kurzer Zeit intensiven Zeichnens mit einem Tuschefüller ohne Bleistiftvorzeichnung.*

Oben: *Pointillismus mit Tusche und Feder kostet Zeit; man muß sorgfältig auf die Schattierungen achten und die Dichte der Punkte genau im Griff haben, damit sich Kontur, Form und Ton herauskristallisieren. Anhand einer Bleistiftvorzeichnung läßt sich die korrekte Punkteverteilung besser abschätzen. Das Ganze muß schrittweise aufgebaut werden.*

11. **Striche mit grobem Pinsel**
12. **Rapidographpunktierung und -kreuzschraffur**
13. **Kreuzschraffur mit verdünnter Tusche**
14. **Fortlaufende Linie mit Tuschefüller**
15. **Tusche mit Pinsel auf nassem Papier.**

Rechts: *Diese einfache Skizze wurde mit einer Eintauchfeder gezeichnet. Die Schattierung ergibt sich aus Kreuzschraffuren; trotzdem wirkt die Darstellung locker und klar.*

aus, damit Sie die für Ihre Art des Zeichnens am besten geeignete finden. Falls Sie zum Schattieren oder für dekorative Effekte wieder an der alten Kontur ansetzen wollen, empfiehlt sich die Verwendung einer wasserlöslichen Sorte. Neben den schwarzen umfaßt das Angebot auch farbige Tuschen, die meist ziemlich grell sind, mit destilliertem Wasser jedoch verdünnt und damit entsprechend verändert werden können. Destilliertes Wasser ist deshalb zu empfehlen, weil es im Gegensatz zu Leitungswasser frei von Verunreinigungen ist und die Farben damit ihre Reinheit behalten.

Utensilien und Zeichengründe

Für die Arbeit mit Tusche eignet sich praktisch jeder glatte, glanzfreie Zeichengrund – Papier, Karton oder Acetatseide. Die Oberfläche braucht weder undurchlässig noch hart zu sein, und meist braucht sie auch nicht gespannt zu werden.

Je nachdem wie es um Ihre Geduld und Wißbegierde steht, können Sie die Tusche auftragen womit Sie wollen; Federn und Pinsel sind am beliebtesten. Verwenden Sie für diesen Zweck aber nicht Ihre besten Zobelhaarpinsel, weil Tusche sie mit der Zeit spröde macht. Die Pinsel müssen sofort nach Gebrauch in Seifenwasser gründlich gereinigt werden, wobei die Seife bis zum Pinselansatz dringen muß, damit sich auch alle Tuschereste lösen.

Federn zum Eintauchen

Sie sind am einfachsten und leicht zu führen, und das Angebot an preiswerten Stahlfedern und dazu passenden Haltern ist breitgefächert. Den dünnen Fettfilm auf einer neuen Feder entfernt man durch kurzes Hineinhalten in eine Flamme – aber nur einen Augenblick lang, weil zu intensive Hitze den Härtegrad beeinträchtigt. Sie müssen schon ein paar Stunden zeichnen, bis es mit einer neuen Feder »richtig läuft«. Etwas Tuscherückstand an Zeichenfedern schadet im allgemeinen nicht, zuviel wirkt sich allerdings auf ihre Biegsamkeit aus. Notfalls lassen sich die Rückstände mit einem Messer abkratzen. Manche Feder nimmt dies jedoch übel – sie wird rauh und geht kaputt.

Federkiele und Rohrfedern sind empfindsam und flexibel, und Meister wie Rembrandt und van Gogh bedienten sich ihrer. Rohrfedern gibt es nach wie vor, während Federkiele, deren Anfertigung langwierig ist und Fingerspitzengefühl erfordert, heute nur noch selten zu sehen sind.

Tuschefüller

Beliebt für das Zeichnen mit Tusche und vergleichsweise neu sind der Rapidograph und seine Abarten. Diese Zeicheninstrumente – eigentlich für Konstruktions- und Bauzeichnungen gedacht – sind mit einer großen Tintenkammer und speziell konstruierten Zuflußkanälen ausgestattet, durch die die Tusche gleichmäßig nachfließt. Passend dazu gibt es teure Schnurzugfedern von 0,1 mm bis 2,0 mm Breite. Ihre gleichförmigen Linien lassen sich zwar effektvoll einsetzen – trotzdem wirkt der Aufstrich durch die Starrheit der Federn ein wenig einseitig; sie haben immer etwas Hartes und Mechanisches an sich. Für diese Tuschefüller gibt es schwarze und farbige Spezialtuschen.

Zubehör

Zu den nützlichen Extras bei der Arbeit mit Tusche und Feder zählen unter anderem Löschpapier, Lappen und Porzellanschälchen zum Verdünnen. Tuscheflecken lassen sich so gut wie nicht mehr entfernen, und man sollte diese Zeichenflüssigkeit deshalb nicht in den Deckel des Aquarellkastens schütten. Ratsam ist es auch, sich ein oder zwei Fläschchen Tusche auf Vorrat zuzulegen.

Zeichnen vor Ort

Federzeichnungen vor Ort anzufertigen erfordert Selbstvertrauen. Nervosität und Ungeduld übertragen sich unübersehbar auf ein so unbestechliches Medium wie schwarze Striche. Auf Vorzeichnungen mit Bleistift sollten Sie möglichst bald verzichten, weil die Darstellung sonst leblos und Ihre Freude, die Sie mit wachsendem Selbstvertrauen verspüren, damit gedämpft wird.

Die Strichführung beim Tuschezeichnen besteht entweder aus kurzen, abgesetzten, vorwiegend in eine Richtung geführten Strichen, aus denen sich nach und nach die Form aufbaut, oder aus einer sehr freien Linienführung. Sich bewegende Motive zeichnet man trotz zwangsläufiger Ungenauigkeiten unbeirrt weiter; dadurch kommt ein gewisses Maß von Erregung ins Bild.

Eine Kleinigkeit gibt es, die sich mitunter als ziemlich lästig erweist: Die Tusche im Fläschchen wird immer weniger und die Feder muß ständig eingetaucht werden. Sehen Sie deshalb zu, daß die Flasche immer voll ist. Am besten ist es, sich eine große Vorratsflasche zuzulegen und die kleinen Fläschchen aufzufüllen, ehe man sich zum Zeichnen auf den Weg macht. In mittlerer Stärke aufgetragen, trocknet Tusche auf dem Papier ziemlich rasch, während es bei einem dickeren Auftrag wegen des Schellackanteils Stunden dauern kann, bis die Tusche vollständig trocken ist.

Rechts: *Tuschezeichnungen mit einem mittelstarken Pinsel für Ölmalerei wirken kraftvoll und dekorativ.*

Mit farbigen Tuschen arbeiten

Qualitativ gutes, glattes weißes Zeichenpapier oder sogar ein leichteres Aquarellbütten bringt die Leuchtkraft farbiger Tuschen besser zur Geltung. Falls der Untergrund laviert werden soll, muß das Papier gespannt werden. Tuschen kann man ganz genauso verarbeiten wie Aquarellfarben. Damit sie sich mühelos auftragen lassen und möglichst keine Streifen bilden, empfiehlt sich die

Verdünnung mit destilliertem Wasser. Allerdings hinterläßt eine Lavierung mit Tusche, die noch vor Fertigstellung der Zeichnung trocknet, einen deutlich abgesetzten Rand, weil sich Tusche – im Gegensatz zu Aquarellfarbe – nicht wieder »aufweichen« läßt. Bei Grundierungen mit leuchtenden Farben tut man sich häufig sehr schwer, weil die darüber aufgetragenen Töne nicht selten schmutzig oder grob wirken.

Links: *Für farbige Tuscheskizzen sollte man möglichst wenige Farben verwenden, damit das Ganze nicht zu grell wirkt. In dieser Zeichnung wurden drei Farbtöne sowie Schwarz verarbeitet.*

Ölfarben

Ölfarben besitzen Eigenschaften und eine Vielzahl von Anwendungsmöglichkeiten, an die kein anderes Medium, nicht einmal die jüngst entwickelten Acrylfarben, heranreicht – vorausgesetzt man kann richtig mit ihnen umgehen.

Bindemittel

Ölfarbe besteht aus Trockenpigmenten in Pulverform, die durch ein trocknendes, als Bindemittel dienendes Pflanzenöl aufgeschwemmt wurden. Dieser Zusatz sorgt für bessere Streichfähigkeit und für eine dünnere Konsistenz der Farbe.

Gebrauchsfertige Bindemittel gibt es für jeden Zweck und jede Anwendung. Am häufigsten verwendet wird ein Leinöl-Terpentin-Gemisch, das aber leider nur langsam trocknet. Bei Bindemitteln, die Firnis, Standöl oder Bienenwachs enthalten, stellt sich dieses Problem nicht; sie verhindern auch, daß stark verdünnte Farbe tropft. Sikkative (Trockenmittel) verkürzen die Trockenzeit, sollten aber mit Vorsicht zugesetzt werden, weil ein zu hoher Anteil die Bildoberfläche beeinträchtigt.

Die Wahl der Bindemittel hängt auch von der gewünschten abschließenden Behandlung ab: Glänzende Oberflächen erfordern ein Medium mit Firnis, matte Lasuren eines mit Bienenwachs.

Verdünnungs- und Lösungsmittel wie Terpentin und Spiritus, mit denen man Pinsel und Paletten reinigt, können zusätzlich zugesetzt werden. Gibt man sie allein zu, verliert die Ölfarbe an Bindefähigkeit, und damit können an der Bildoberfläche Risse entstehen.

Pinsel

Wichtig ist ein gutes Sortiment an Marderhaar- und Schweineborstenpinseln. Marderhaarpinsel hinterlassen einen glatteren, weicheren Strich als Schweineborsten, und man verwendet sie vorwiegend für diffizile Detailarbeiten. Darüber hinaus sind heute verschiedene Sorten von Kunstfaserpinseln auf dem Markt.

Die meisten Pinsel gibt es in verschiedenen Formen: als Bürsten-, Platt- und Rundpinsel und in spitz zulaufender Form. Bürstenpinsel haben kurze Borsten und werden zum Auftragen von dicker, pastoser Farbe verwendet. Den Plattpinsel brauchen Sie für breite, gerade Striche, während sich der Rundpinsel für kleine Flächen und stark verdünnte Farbe eignet. Die spitz zulaufenden Pinsel schließlich haben sich für feinste Detailarbeit und sich verjüngende Linien bewährt.

Sämtliche Pinsel gibt es in unterschiedlichen Größen und Stärken;

Rechts: *Spannen und Grundieren einer Leinwand: Zuerst müssen Sie die Rahmenteile zu einem Viereck im gewünschten Format zusammenstecken und die Rechtwinkligkeit der Ecken durch Ausmessen der Diagonalen überprüfen. Schlagen Sie dann die Leinwand über den Rahmen, und klammern Sie sie an den schmalen Außenkanten fest – am besten mit einer Heftmaschine.*

Es gibt eine Reihe von Möglichkeiten, saugfähige Oberflächen für Ölfarbe vorzurichten. Eine althergebrachte Methode ist das Aufbringen von drei Leimschichten (nach Anweisung des Herstellers), auf die anschließend im Abstand von je 24 Stunden zwei weiße Grundierschichten aufgetragen werden.

meist reicht die Skala von 1 (kleinste Stärke) bis 12, mitunter noch weiter. Zu einer guten Grundausstattung gehören mehrere Größen von jeder der genannten Pinselformen.

Pinsel müssen sorgfältig gepflegt werden. Entfernen Sie Farbreste mit Spiritus oder Terpentin, und waschen Sie sie dann mit Wasser und Seife aus. Keinesfalls sollten Sie Ihre Pinsel in Lösungsmitteln stehenlassen – auch nicht für kurze Zeit.

Paletten und andere Utensilien

Streichmesser und Spachtel sind nützliche Utensilien. Man kann damit Farben mischen, die Palette reinigen und auch dicke Farbe direkt auf die Leinwand aufbringen.

Die Holzpalette in ihrer traditionellen Form ist nach wie vor in Gebrauch. Notfalls tut es aber auch jede nicht durchlässige Unterlage, z.B. eine Glas- oder Kunststoffplatte.

Eine praktische Erfindung sind die sog. Palettenstecker – kleine offene Behälter für Öl und Terpentin, die einfach an die Palette geklemmt werden. Man kann sich aber auch mit jedem anderen geeigneten Gefäß behelfen.

Das Angebot an Staffeleien ist reichhaltig, von großen Atelierstaffeleien bis zur kompakten Skizzenstaffelei, und wofür man sich entscheidet, richtet sich letztlich nach den individuellen Anforderungen.

Links: *Probieren Sie Pinsel in allen möglichen Formen und Größen aus, ehe Sie sich für die Sorte und Qualität entscheiden, die Ihnen am besten zusagt. Mit nur zwei oder drei Pinseln zu arbeiten, hieße an der falschen Stelle sparen.*

Oben: *Auf dem Mittelbraun der traditionellen Palette lassen sich die Farbtöne recht gut beurteilen. Lasierpinsel sollten breit sein, und die empfindlichen Spachtel und Streichmesser brauchen Sie zum Aufbringen der Farbe an ganz bestimmten Stellen.*

Malgründe

Gebräuchlichster Malgrund für die Ölmalerei ist Leinwand. Dieses Material erweist sich – richtig gestreckt und grundiert – als ideal. Gleichfalls geeignet für Ölfarben sind Holz und Sperrholz sowie Metall, Karton und Papier, die jedoch allesamt sorgfältig vorbereitet werden müssen.

Am einfachsten, aber kostspieligsten ist es, sich eine bereits gespannte und grundierte Leinwand zu kaufen. Es gibt auch fertig vorgerichtete Tafeln mit imitierter Leinwandoberfläche. Viele Künstler ziehen es vor, ihre Malgründe selbst vorzubereiten; sie kaufen dazu Leinen, Baumwolle oder Jute und spannen und grundieren das Material selbst. Leinen ist der beste Malgrund, doch qualitativ hochwertige Baumwolle steht ihm kaum nach. Jute ist sehr grob und muß ausgiebig vorgerichtet werden. Mit der glatten Oberfläche von Hartfaserplatten bietet sich eine weitere Alternative zum Malerleinen; die Platten müssen aber mit Leisten verstärkt und geleimt werden, damit sie sich nicht werfen.

Für Ölfarben werden Grundierungen auf Öl- bzw. Acrylbasis angeboten. Ehe der ölhaltige Grund aufgetragen wird, muß die Oberfläche vorgeleimt werden. Die Grundierung sollte man in zwei dünnen Schichten aufbringen, weil ein dicker Aufstrich Risse bekommt und einen ungleichmäßigen, glänzenden Malgrund hinterlassen kann.

Rechts: *Drei Methoden des Farbauftrages in der Ölmalerei (von oben nach unten): Beim Verreiben wird deckende Farbe unregelmäßig über eine andere Schicht gelegt. Von lasierendem Auftrag spricht man, wenn zarte Schichten von entsprechend verdünnter Farbe auf eine bemalte Oberfläche aufgebracht werden. Aufgebrochene Farbflächen entstehen durch Pointillismus; die Farbe wird dabei in Form von Punkten oder kurzen Strichen aufgetragen.*

Mit Ölfarben arbeiten

Ölfarbe ist ungemein vielseitig. Jeder Maler entwickelt zwar mit der Zeit seine eigene Methode des Umgangs mit diesem Medium, doch der Anfänger sollte zumindest in groben Zügen wissen, wie man Ölfarben richtig einsetzt und was man mit ihnen machen kann.

Oberster Grundsatz bei Ölfarben ist »fett über mager« – d.h. der Ölgehalt der Farbe nimmt mit jeder Schicht zu; dadurch bekommt die Oberfläche keine Risse, wenn der Farbauftrag zu trocknen beginnt.

Ölfarben verwendet man entweder für sorgsam geplante Werke, die Schicht um Schicht aufgebaut werden, oder man trägt die Farben direkt und spontan, häufig in dicker Impastomanier auf, um so der Unmittelbarkeit und Atmosphäre eines Sujets Ausdruck zu verleihen. Impastofarben enthalten harziges Bindemittel oder Gel und werden mit Pinsel oder Spachtel aufgetragen. Dadurch entsteht eine Oberflächenstruktur,

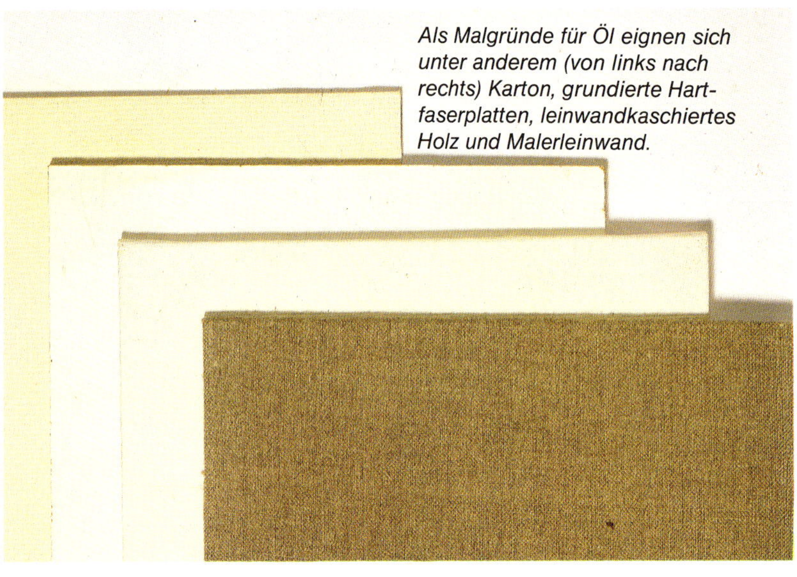

Als Malgründe für Öl eignen sich unter anderem (von links nach rechts) Karton, grundierte Hartfaserplatten, leinwandkaschiertes Holz und Malerleinwand.

Oben: *Trotz der reichhaltigen Farbskala für Ölfarben kann man auch – wie dieses Stilleben hier zeigt – mit einer bescheiden bestückten Palette Großartiges erreichen. Verwendet wurden hier Titanweiß, Französisch Ultramarin und Saftgrün, dazu Kadmiumgelb, gelber Ocker, Chromgrün und Alizarinrot.*

Rechts: *Farbe ist eine Frage des persönlichen Geschmacks, aber auf der Palette des Anfängers sollten folgende Töne nicht fehlen (im Uhrzeigersinn): Titanweiß, Zitronengelb, gelber Ocker, Kadmiumrot, Hellrot, Krapprosa, gebrannte Umbra, gebrannte Siena sowie Kobaltblau und Französisch Ultramarin. Grün-, Orange- und Purpurtöne sind nicht unbedingt notwendig, weil Sie sie mischen können, aber Chromgrün und Veroneser Grün könnten nicht schaden.*

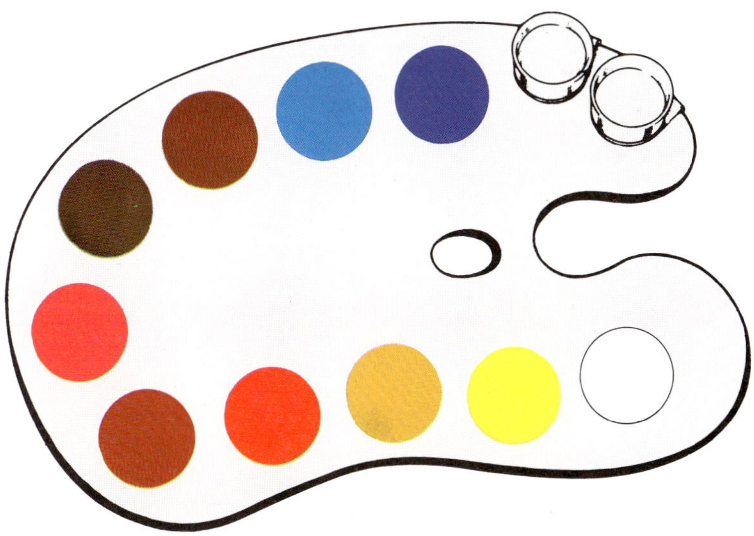

die zu Form und Bewegung innerhalb einer Komposition beiträgt.

Bei der »Naß-in-naß«-Methode wird eine Farbe auf eine andere, noch nasse aufgetragen, so daß sie sich mischen und ineinanderlaufen. Diese Malweise empfiehlt sich vor allem für direkte, unmittelbare Formen der Darstellung.

Ölskizzen

Wer im Freien malt, sollte seine Ausrüstung unbedingt wohlgeordnet beisammen haben. Wichtig sind eine zusammenlegbare Skizzenstaffelei und ein Klapphocker, vor allem wenn Sie an Plätzen arbeiten, zu denen Sie ein gutes Stück laufen und alles tragen müssen.

Binde- und Lösungsmittel gehören in auslaufsichere Gefäße, und die Palette sollte leicht sein und sich gut halten lassen.

Skizziertechnik

Ziel einer Ölskizze ist es, das Wesentliche einer bestimmten Szene oder eines Augenblickes festzuhalten. Bei Landschaftsskizzen trägt man die Farben üblicherweise alla prima, d.h. direkt auf. Mit Pinsel oder Spachtel bringt man dabei das Medium großzügig auf und fängt so das Unmittelbare in Farbe und Atmosphäre eines Ortes ein.

Diese Malweise verlangt nach Selbstvertrauen, weil der Künstler zügig und kühn vorgehen muß und sich nicht davor scheuen darf, den einen oder anderen Bildabschnitt durch Übermalen oder Abkratzen zu korrigieren.

Skizzen können auch als Vorwurf für ein Ateliergemälde dienen; aber gerade solche Werke lassen häufig die Lebendigkeit und Kraft der ursprünglichen Skizze vermissen.

Auf der Skizze oben wurden die Farben ohne Untermalung oder Vorzeichnung aufgebracht. Die Farbflächen wurden direkt angelegt – dunkle Farben und Töne zuerst – und im nassen Zustand miteinander verschmolzen. Fehler lassen sich abwischen oder auskratzen.

Oben: *Dieses Bild enthält zahlreiche Elemente, die man beim Skizzieren draußen in der Landschaft normalerweise vorfindet. Für die feinen Details wie Belaubung und weiter entfernte Dinge wurden Marderhaarpinsel bis zu Größe 8 verwendet.*

Rechts: *Zunächst wurde eine rasche, aber genaue Skizze von den wichtigsten Bildelementen gemacht. Eile war geboten, weil die Sturmwolken Regen ankündigten. Zur Beschleunigung des Trokkenvorgangs wurde deshalb nur wenig Öl beigemischt. Bei der weiteren Ausarbeitung wurden rechts die Bäume weggelassen, so daß sich das hölzerne Schleusentor noch schärfer gegen den Himmel abheben konnte.*

Bei dem Bild von den Schleusentoren auf der Seite gegenüber wurde die Arbeit nach einer Stunde unterbrochen. Im nächsten Stadium folgte dann die Ausarbeitung und Verfeinerung der ursprünglichen Darstellung, wobei aber alle wichtigen Elemente bereits vorhanden waren.

Acrylfarben

Oben: *Eine Auswahl der gängigsten Pinselgrößen und Acrylfarben.*

Rechts: *Zwei Strandhäuschen – ein ideales Motiv für Acrylfarben. Für den Sand im Vordergrund und an den Seiten wurde der trockene Pinsel mit wenig Farbe über den Malgrund gezogen. Die Details an den verwitterten Brettern wurden mit feinsten Pinseln eingefügt.*

Acrylfarben sind eine Neuerung auf dem Gebiet der Künstlerfarben und wurden ursprünglich für großflächige Außenwandgemälde entwickelt. Sie sind enorm vielseitig und lassen sich auf mannigfaltige Weise verwenden. Diese Farben – aus Pigmenten und einem Kunstharzbindemittel hergestellt – können mit Wasser verdünnt werden und bilden nach dem Austrocknen eine wasserfeste Schicht. Dank der kurzen Trockenzeit ist Acrylfarbe ein sehr praktisches Medium.

Die Farbskala gleicht in etwa derjenigen für Ölfarben, allerdings werden die Töne aufgrund der Neuentwicklung synthetischer Farbstoffe und Pigmente teilweise anders bezeichnet.

Acrylfarben lassen sich buchstäblich auf jede trockene, fettfreie Fläche auftragen. Leinwand brauchen Sie gar nicht zu grundieren, oder Sie können sie mit einem Acrylmalgrund vorbereiten. Die Pinsel und übrigen Utensilien sind die gleichen wie bei der Ölmalerei. Reinigen Sie die Pinsel aber sofort nach Gebrauch mit Wasser und Seife, damit sie nicht hart werden.

Acryl-Bindemittel

Die Bindemittel für Acrylfarben sehen in der Flasche trübe oder milchig aus, werden aber nach dem Trocknen transparent. Durch die Verbindung solcher Medien mit Acrylfarben kommen interessante Effekte zustande.

Je nach Beschaffenheit hinterlassen Acrylbindemittel schon beim Farbauftrag oder beim Lasieren eine glänzende oder matte Oberfläche. Daneben gibt es noch ein Gel für Impasto-Arbeiten sowie eine dicke Modellierpaste. Für sehr dickes Impasto rührt man Gel oder Modellierpaste mit wenig Farbe an. Mit Wasser verdünnt lassen sich die Farben in aquarellähnlicher Manier verarbei-

Links: *Acrylfarben lassen sich in vielerlei Art auftragen. Von links nach rechts: stark verdünnt in »Aquarell«-Manier; Impasto mit Streichmesser; Impasto mit Pinsel; verdünnte Farbschicht über Impasto.*

ten. Allerdings sollten Sie wenigstens einen Tropfen Bindemittel zusetzen, weil die Farbe dadurch geschmeidiger wird und der Farbauftrag an Intensität und Substanz gewinnt. Durch Beimischung einer Speziallösung läßt sich die Trockenzeit von Acrylfarben hinauszögern und auch das »Naß-in-naß«-Malen erleichtern.

Mit Acrylfarben malen

Obwohl Acrylfarben häufig in Aquarellmanier verarbeitet werden oder nach den traditionellen Methoden der Ölmalerei mit Untermalung und Abschlußlasur, lassen sie sich natürlich auch so verwenden, wie sie aus der Tube kommen.

Ehe Sie jedoch Acrylfarben zur Hand nehmen, müssen Sie ein wenig vorplanen. Sie müssen sich über die Effekte, die Sie erzielen wollen, im klaren sein – vom Motiv selbst bis hin zur impressionistischen oder expressionistischen Wiedergabe von Licht und Farbe, von Bewegung und Atmosphäre.

Bleiben Sie vor allem flexibel und dem Sujet gegenüber aufgeschlossen, damit Sie neue Gedanken während der Arbeit aufnehmen und umsetzen können. Vergessen Sie dabei aber nicht, daß Sie mit Acrylfarben nicht denselben Spielraum haben wie mit Ölfarben. Im Gegensatz zu Ölfarben nämlich, die noch eine ganze Weile nach dem Aufbringen übermalt, abgekratzt oder weggewischt werden können, bleibt bei Acrylfarben kaum Zeit für Überlegungen oder Veränderungen, sobald sie einmal aufgetragen sind. Die Pinselstriche trocknen ganz genauso, wie sie ausgeführt werden, und es ist ratsam, sich schon bei der Gesamtplanung der Bildkomposition Gedanken über die Oberflächenstruktur zu machen.

1

1. Zuerst werden mit einem feinen Pinsel die Bezugspunkte festgelegt und die Beziehung zwischen dem Pianisten und seinem Instrument hergestellt. Normalerweise müßte man vor Arbeitsbeginn eine Reihe Studien von Händen und Sitzhaltung machen. Nachdem dies jedoch für den Pianisten unbequem wäre, hat man sich an fotografische Vorlagen gehalten.
2. Mit mittelgroßen Pinseln werden die Grundfarben in »Aquarell«-Manier aufgetragen.
3. Die größeren Farbflächen des Motivs werden klarer herausgearbeitet und Details an Flügel und Klavierhocker eingefügt. Durch einen etwas kräftigeren Farbauftrag erhalten die Hauptelemente mehr Dichte und Gewicht.
4. In der letzten Phase folgt die Korrektur von Farben und Schattierungen sowie die detaillierte Ausarbeitung von Hand- und Fußstellung. Der ursprüngliche Aquarelleffekt bleibt da erhalten, wo er für Holzmaserung und Schattenflächen günstig ist. Wichtige Einzelelemente wie Gesicht und Hände wurden mit feinem Pinsel und durch sorgfältigen Aufbau dünner Farbschichten plastisch ausgearbeitet.

2

3

4

Gouachefarben

Gouachefarben eignen sich hervorragend für kleinere Bilder und Miniaturen. Diese Wasserfarben, die in einer Vielzahl von Tönen auf dem Markt sind, werden transparent aufgetragen oder deckend und trocknen dann zu gleichmäßigen Farbflächen aus. Ihr Reiz liegt in ihrer Vielseitigkeit, die man sich auch zunutze machen sollte, indem man z.B. transparente und deckende Farbflächen in ein und demselben Bild nebeneinander setzt.

Für Gouachefarben können Sie praktisch jedes Papier verwenden; es muß nur gespannt sein oder dick genug, um sich nicht zu verziehen.

Links: *Weiche Pinsel mittlerer Qualität eignen sich für Gouache-Arbeiten am besten.*

Unten: *Drei Beispiele für den Auftrag von Gouache-Farben: übereinandergelegte Schichten (links), Impasto (Mitte) und freie Pinselführung (rechts).*

Farben auswählen

Gouachefarben gibt es in zwei Qualitäten. Die billigeren, gewöhnlich als Plakatfarben bezeichneten, werden in verschieden großen Töpfchen angeboten, und man kann sie einzeln oder in Sortimenten von sechs, acht oder zwölf Grundfarben kaufen.

Teurer und reichhaltiger sortiert sind die sogenannten Designer- oder Grafikerfarben in Tuben. Ihre Farbbeständigkeit ist durch ein Sternchen- oder Buchstabensystem gekennzeichnet. Leuchtkraft und Sattheit der Farben entstehen durch einen hohen und nicht zu fein vermahlenen Pigmentgehalt in Verbindung mit einem etwas reduzierten Bindemittelanteil.

Oben: *In der üppigen, gedämpften Harmonie dieses Bildes offenbaren sich die vielen Möglichkeiten von kontrolliert und richtig verarbeiteten Gouache-Farben. Sie verbinden den Eindruck von Dichte und Deckkraft mit der Zartheit von Aquarellmalerei.*

Unten: *Gouache-Farben lassen sich auch in derberer Manier verarbeiten, wenn es um die Darstellung von weniger verspielten Motiven geht. Deckend gemalte Flächen kontrastieren mit aquarellähnlich bemalten. Gouache-Farben trocknen relativ rasch.*

Farben für Ihre Palette

Am deutlichsten heben sich die kleinen Farbmengen von einer sauberen, möglichst weißen, Kunststoffpalette ab.

Ihr Grundsortiment sollte folgende Farbtöne enthalten: roter Ocker, Feuerrot, Alizarinrot, Kadmiumgelb,

Mit klar aufgetragenen Gouache-Farben kann man ausdrucksvolle Bilder schaffen. Zunächst werden die Flächen festgelegt und die Grundfarben stark verdünnt mit großem Pinsel aufgetragen. Anschließend folgt der Aufbau von Farben und Tönen. Die dunklen Felder von Häusern und Bäumen legt man großflächig an, wobei hellere Details später aufgesetzt werden. Die abschließenden Pinselstriche werden klar und entschieden gesetzt, und brauchen sich nicht zu vermischen.

1

2

3

Zitronengelb, Chromoxidgrün, Saftgrün, Kobaltblau, Preußischblau und Weiß.

Bei den Gouachefarben gibt es zwei Sorten von Weiß; welches Sie wählen, hängt ganz vom gewünschten Effekt ab. Permanentweiß besitzt einen hohen Pigmentanteil und deckt gut, läßt aber die Farbe etwas kreidig herauskommen. Zinkweiß mit seinem geringen Pigmentanteil ist transparenter und ist dann zu empfehlen, wenn eine Farbe über die andere gelegt werden soll. Schwarz können Sie aus den gleichen Anteilen Indischrot und Preußischblau mischen.

Zu dick aufgetragene Gouachefarben neigen zu Rißbildung, die sich aber durch Beimischung eines handelsüblichen Acryl- oder Kunstharzbindemittels verhindern läßt. Im übrigen trocknen helle Gouachetöne etwas dunkler aus, während die dunklen Farben nach dem Trocknen ein wenig heller wirken als im nassen Zustand.

Pinsel

Für Gouachefarben benötigen Sie weiche Pinsel – entweder Marderhaar oder den neuen Nylonkunsthaaren; eine Mischung aus Marder- und Rindshaar eignet sich gleichfalls. Pinsel aus reinem Rinds- oder Eichhörnchenhaar sind nicht so elastisch wie Marder oder Nylon und lassen sich deshalb auch nicht so mühelos führen.

Die Erstausstattung sollte folgende Pinsel enthalten: einen etwa 2 cm

breiten Flachpinsel für große Flächen; dazu je einen Rundpinsel Größe 4 und 6 für kleinere Flächen und plastische Ausarbeitung (die Haare von Rundpinseln lassen sich für Feinarbeit zu einer Spitze zusammendrehen) sowie einen Pinsel Größe 1 für diffizile Detailarbeit.

Dieses Sortiment können Sie später ganz nach Bedarf ergänzen. Pinsel wollen sorgfältig gepflegt sein; sie danken es Ihnen durch lange Lebensdauer. Lassen Sie die Farbe niemals an den Haaren festtrocknen oder die Pinsel lange im Wasser stehen. Nach jedem Gebrauch werden sie gründlich ausgespült, überschüssiges Wasser wird abgetupft, und die Haare werden zu einer Spitze geformt.

Und so malen Sie

Zeichnen Sie Ihre Bildkomposition entweder mit Bleistift oder stark verdünntem Blau vor. Die ersten Farben werden mit Wasser aufgeschwemmt und großzügig auf die gesamte Fläche aufgetragen. Danach können Sie die Farbschichten deckend aufbauen. Für größere Flächen muß von Anfang an genügend Farbe gemischt werden, weil man sonst den richtigen Ton vielleicht nicht mehr trifft. Nehmen Sie immer das richtige Werkzeug zur Hand, d.h. versuchen Sie nicht, große Flächen mit einem kleinen Pinsel zu bearbeiten, und üben Sie sich darin, die Farben deckend oder transparent aufzutragen, bis Sie beide Varianten beherrschen.

Aquarellfarben

Die heutige Aquarellmalerei geht weitgehend auf die Meister des 18. und 19. Jahrhunderts zurück, deren Werke in Hinblick auf technische Vollendung und künstlerische Sensibilität Maßstäbe setzten, an denen seither alle Arbeiten in dieser Sparte gemessen werden.

Farben

Aquarellfarben sind reines, fein vermahlenes Pigment unterschiedlichen mineralischen und pflanzlichen Ursprungs, das in Glyzerin gebunden ist. Verkauft werden sie in verschieden großen Näpfchen und Tuben. Farbqualität und -beständigkeit variieren, und billigere Sorten werden als Schülerfarben angeboten.

Malgründe

Der gebräuchlichste Malgrund für Aquarellmalerei ist Papier. Die optimalsten Ergebnisse mit qualitativ hochwertigen Künstler-Aquarellfarben erreichen Sie mit Papier, das aus Textilabfällen, sogenannten Hadern, hergestellt ist.

Papier kommt in einer Vielfalt von Gewichten und Texturen auf den Markt. Je schwerer es ist, desto teurer ist es auch. Gute Qualitäten bewegen sich in einem Bereich von 90 bis 300 g pro Quadratmeter. Bei der Oberflächenbeschaffenheit unterscheidet man normalerweise zwischen rauhen, heißgepreßten und kaltgepreßten Papieren.

Unten: *Qualitativ hochwertige Pinsel sind für die Aquarellmalerei, auch in Verbindung mit Gouache-Farben oder Tusche, sehr wichtig.*

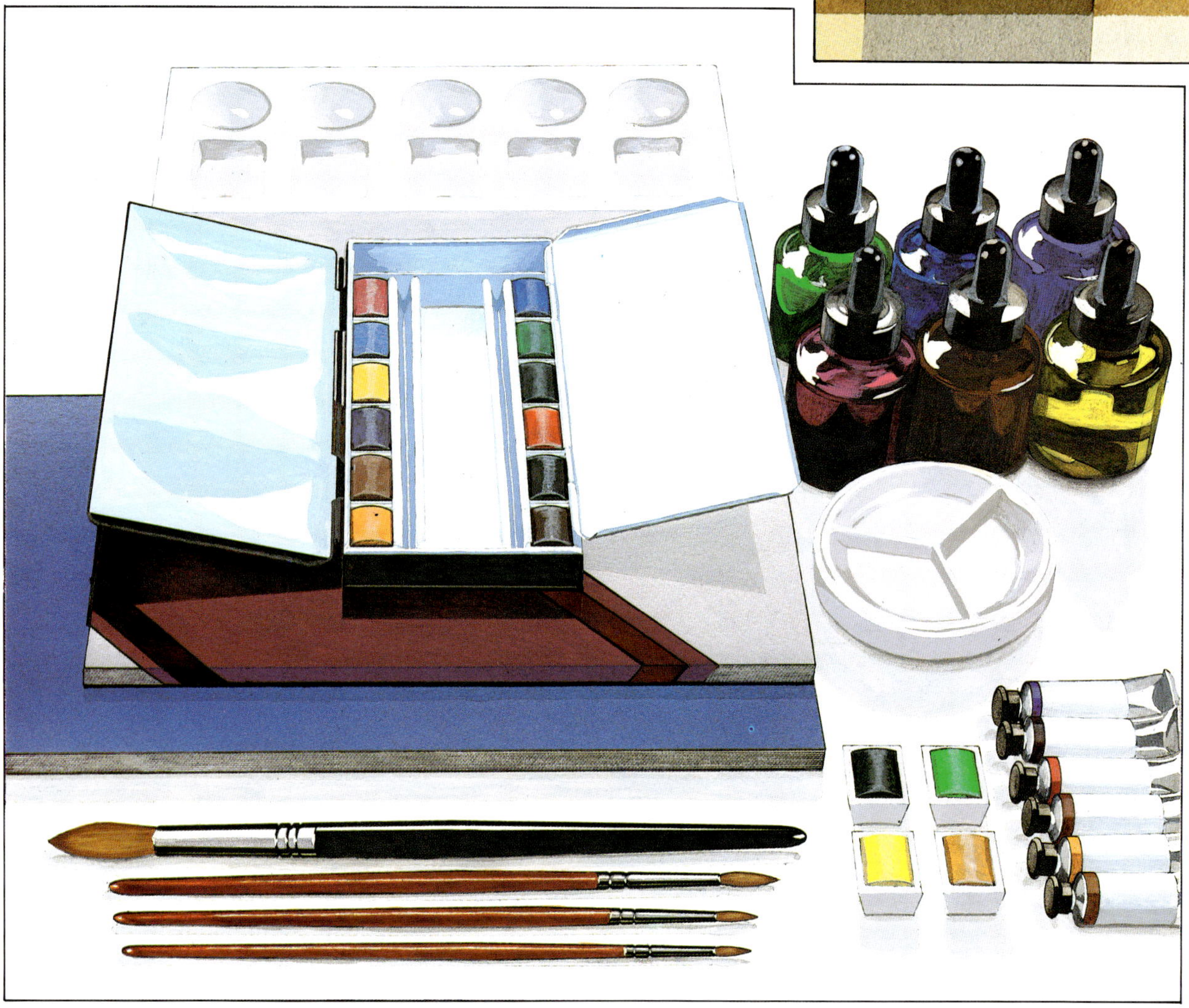

Links: *Auswahl von qualitativ hochwertigen, hadernhaltigen und unterschiedlich schweren Papiersorten. Wie sich die Oberflächenstruktur auf Farbton und optische Wiedergabe auswirkt, ist deutlich zu erkennen. Probieren Sie aus, welche Papiersorten sich für Ihre Zwekke am besten eignen. Sie sind in Geschäften für Künstlerbedarf erhältlich.*

Unten: *Decken Sie die Gesichtshälften nacheinander ab – dann können Sie die angewandten Techniken sehen. Obwohl die Farbschichten rechts sehr dünn sind, kommen Form und Gesichtszüge schon recht plastisch heraus. Mit weiteren kontrollierten Farbaufträgen gewinnt der Kopf an Substanz und Plastizität.*

Leichtere Sorten sollten Sie mit Klebeband auf ein stabiles Holzbrett spannen. Gute Qualitäten halten eine etwas grobe Behandlung ohne weiteres aus, bieten eine gute Haftfläche für Farben und lassen sie frisch und leuchtend erscheinen. Hochwertige Papiere sind durchwegs geleimt, und zwar mit Tierleim.

Hersteller- oder Markenbezeichnungen können Sie erkennen, wenn Sie das Papier gegen das Licht halten. Die Seite, von der Sie das Wasserzeichen korrekt sehen, ist die Oberfläche.

Pinsel

An Pinseln sollten Sie sich das Beste kaufen, was Sie sich leisten können. In Marderhaar hält sich nicht nur das Wasser gut, sondern es besitzt auch jene Weichheit und Elastizität, die für eine exakte Pinselführung notwendig ist. Nylonpinsel werden heute gleichfalls überall angeboten, und es lohnt sich durchaus, sie auszuprobieren. Für großflächige Farbaufträge brauchen Sie einen breiten, nachgiebigen Pinsel; die Form spielt dabei keine Rolle. Sämtliche Pinselarten einerlei ob flach, rund oder eckig – gibt es aus Marder-, Rinds- oder Eichhörnchenhaar.

Maltechniken

Die Technik des Farbauftrages auf den Malgrund ist eine Frage der individuellen Entscheidung. Nolde, Cotman und de Wint, Cézanne und Segonzac – samt und sonders Meister der Aquarellierkunst – arbeiteten in unterschiedlichster Manier. Ihre Methoden reichten von sorgfältig angelegten hauchdünnen Farbüberzügen in mehreren Schichten bis hin zu einem kräftigen, beinahe impastoähnlichen Farbauftrag. Die kleinen, mosaikhaften Felder eines Prendergast beispielsweise stehen ganz im Kontrast zu den großen ruhigen Flächen von de Wint.

Typisch für die Aquarellmalerei ist es, die Leuchtkraft und Reinheit der Farben dadurch voll zur Geltung kommen zu lassen, daß man das natürliche Weiß des Zeichenpapiers selbst durch die dunkelsten Töne hindurchschimmern läßt. Bei Verwendung von getöntem Papier lassen sich weiße oder helle Flächen, wie beispielsweise Wolken, am besten durch verdünnte Gouachefarben herausarbeiten. Dieses Vorgehen ist durchaus legitim – weder Turner noch viele seiner Zeitgenossen verspürten irgendwelche Skrupel, mit Gouache- und Aquarellfarben gleichzeitig zu malen.

Auf kaltgepreßtem oder rauhem Papier wirken die Töne frischer, weil der Farbauftrag durch die Oberflächenstruktur etwas aufgebrochen wird und die hellen und dunklen Töne dadurch einen natürlichen Schimmer erhalten.

Rechts: *Aquarellpapier spannen. Schneiden Sie sich vier ca. 2 cm breite gummierte Klebstreifen (nicht selbstklebend) zurecht, die etwas länger sind als das Zeichenbrett. Das Zeichenpapier selbst wird so zugeschnitten, daß das Zeichenbrett ringsum etwas übersteht. Stellen Sie mit Hilfe des Wasserzeichens fest, welches die richtige Arbeitsseite ist und machen Sie in der Ecke eine Markierung.*
Nun wird das Papier so in Wasser getaucht, daß es keine Knicke bekommt, weil sonst die Fasern leiden. Je nach Qualität bleibt das Blatt 5 bis 15 Minuten eingeweicht, je schwerer das Papier, desto länger die Einweichzeit. Nun nehmen Sie das Blatt vorsichtig heraus, lassen das Wasser über eine Ecke ablaufen, bis es nur noch wenig tropft, und legen es mit der markierten Seite nach oben auf das Zeichenbrett. Luftblasen werden mit der feuchten Hand zum Rand hin glattgestrichen. Feuchten Sie nun den Klebstreifen an – aber sparsam, damit er sich nicht aufrollt – und der Klebstoff nicht abgewaschen wird – und befestigen Sie damit das Blatt auf dem Zeichenbrett. Überschüssiges Wasser wird vorsichtig mit Zellstoff abgetupft, insbesondere dort, wo das Papier mit dem Klebestreifen zusammentrifft. Nun lassen Sie das Blatt von selbst trocknen.

Links: *Fließende Malweise läßt die Frische und Unmittelbarkeit von Aquarellfarben vorteilhaft zur Geltung kommen. Durch die Kombination aus Naß-in-Naß-Malerei und Übereinanderlegen von Farbschichten lassen sich größere Flächen und Bildabschnitte mit mehr Details gleichermaßen rasch und mühelos gestalten. Bei diesem Bild wurde keine Vorzeichnung angefertigt, weil dadurch die Spontaneität der Arbeit gelitten hätte. Durch die harte Qualität des Zeichengrundes blieb die Farbe an der Oberfläche und behielt ihre Leuchtkraft.*

Heißgepreßtes Papier empfiehlt sich für eine Maltechnik, bei der mit Hilfe kleiner, sich überlappender, strikt abgegrenzter Flächen Form und Atmosphäre aufgebaut werden. Beschäftigen Sie sich ein wenig mit Cozens, Cézanne oder auch Prendergast, typischen Vertretern dieser Manier.

Bis zu einem gewissen Grad werden Darstellung und Malweise auch vom Motiv her bestimmt. Bleiben Sie deshalb flexibel. Seestücke beispielsweise verlangen ganz von selbst nach einer rascheren, breiter angelegten und damit auch fließenderen Handhabung als ein Stilleben.

Beim Aquarell zeigt sich manchmal sehr bald, ob langsam und zögernd gearbeitet wird; auch durch ständiges Übermalen geht sofort der durchscheinende Effekt des Papiers verloren. Sie können Aquarellfarben zwar in impastoähnlicher Manier auftragen, sollten dabei jedoch nicht vergessen, daß sich gerade die schönsten Arbeiten durch fließende Darstellung, durch Atmosphäre und Spontaneität auszeichnen.

Malen vor Ort

Zum Rüstzeug für die Aquarellmalerei gehören folgende Utensilien: gespanntes Papier (entweder auf einem Rahmen oder Zeichenbrett) oder ein guter Aquarellblock; eine leichte, aber standfeste Staffelei und ein Klapphocker; eine wohlsortierte Auswahl an Künstler-Qualitätsfarben mit ein paar zusätzlichen Näpfchen oder Tuben der Töne, die Sie am meisten brauchen, und ein Sortiment Pinsel. Dazu kommen dann noch eine Tasche aus wasserdichtem Material, Löschpapier, ein scharfes Messer (zum Auskratzen von Lichtern), ein kleiner Naturschwamm, Mallappen und Wattebällchen (zum Aufhellen) sowie Bleistifte, ein Radiergummi und ein oder zwei Malmittel, falls Sie sie für nötig halten. Ochsengalle kann man immer brauchen, aber Sie sehen sehr bald, was Ihnen am besten liegt. Und nicht zu vergessen: große, stabile Kunststoffgefäße für sauberes Wasser.

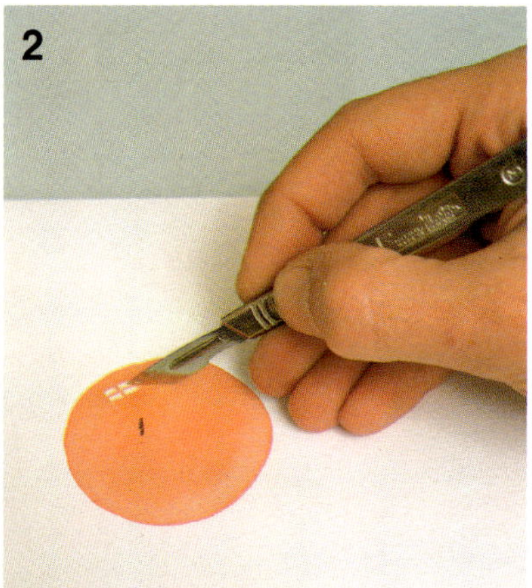

Oben: *Dieses Stilleben eines alten Bootes ist ein schönes Beispiel für direkte, aber sorgfältige Pinselführung. Die Stützböcke wurden unvollendet gelassen, um zu zeigen, daß man sowohl helle wie dunkle Töne zum Ausgangspunkt für die Darstellung von Gegenständen machen kann. Vorgezeichnet wurde hier nicht, die Arbeit aber in der Bildmitte begonnen, um sicherzugehen, daß der Platz für das Motiv ausreichte. Damit das weiße Papier in der Sonne nicht blendete, erhielt es vor dem eigentlichen Malen rasch einen dünnen Farbüberzug.*

Links: *Aquarellfarben präsentieren sich auf vielerlei Art und lassen sich auch noch nach dem Auftragen durch allerlei Tricks verändern: Abb. 1: Auflichten größerer Stellen mit dem feuchten Pinsel oder Schwamm; Abb. 2: Auskratzen von Glanzlichtern; Abb. 3: bedächtiges und wohlüberlegtes Naß-in-Naß-Malen; Abb. 4: rasches Naß-in-Naß-Malen, wobei die Linien verschwimmen.*

Rechts: *Mit wenigen gedämpften Farben und kleinen, sich überlappenden Flächen sind hier Mauerwerk und die gebrochenen Töne des Motivs dargestellt. Um dem Gefühl von Eintönigkeit vorzubeugen, wurden die vorwiegend warmen Farben durch sorgfältig gesetzte kühle (blaue) Farbtupfer aufgelockert.*

1

Das Motiv des Aquarells, dessen Entstehung hier beschrieben wird, wurde mit Vorbedacht gewählt. Das Dorf liegt im Mittelgrund, und die geometrischen Formen der Häuser stehen in reizvollem Kontrast zu den sanften Hängen mit Bäumen und Sträuchern. Der Vordergrund wird durch die Diagonallinie des Zaunes aufgebrochen.

1. Zunächst entstand auf mittelschwerem, weichen Papier mit einem HB-Stift eine sorgfältige Vorzeichnung, auf der es vor allem auf die Winkel der Hauswände und -dächer ankam. Um sich eine bessere Vorstellung von der Komposition machen zu können, wurden einige der dunkleren Flächen zunächst leicht schattiert. Anschließend folgte ein leichter Farbauftrag für den Himmel.

2

2. In der zweiten Phase wurde die Bleistiftzeichnung leicht ausradiert, die Schattierungen vollständig weggenommen und mit einem Marderhaarpinsel der Größe 5 die Färbung der Belaubung und die blassen Tonflächen von Zaun und Häusern angelegt. Welche Bedeutung die schneebedeckten Flächen als effektvolle Bildelemente hatten, war augenblicklich zu erkennen. Veränderungen am Himmel wurden in diesem Stadium nicht vorgenommen.

3. Mitteltöne brachten nun die Gebäude und den Zaun plastisch zur Geltung, und dunklere Abstufungen verliehen der Tür und den Fenstern mehr Tiefe. Auf den Himmel wurden weitere Farbschichten und auf den Schnee Schattenflächen aufgelegt. Als nächstes folgten andeutungsweise die Belaubung und die Konturen der Äste. Details wie Blatt- und Mauerwerk, Dachziegel usw. werden erst eingefügt, wenn das Gemälde insgesamt von der Farbgebung her ausgewogen ist. Kräftige Töne können dieses Gleichgewicht stören und Korrekturen notwendig machen. Das kostet unter Umständen Zeit, vor allem wenn es kalt ist, weil die Farben bei niedrigen Temperaturen langsamer trocknen.

4. Nachdem der Himmel fertig war, wurde mit einem feinen Pinsel das filigranähnliche Zweigwerk eingefügt. Die Farbtöne der Äste müssen sorgfältig gewählt werden, weil nachträgliche Änderungen und das Ausmerzen von Fehlern in dieser Phase ein schwieriges Unterfangen sind. Details wie Mauern und Dachziegel, die Holzmaserung des Zaunes und die kleinen Grashälmchen im Vordergrund verliehen dem Werk den letzten Schliff.

Mischtechniken

Unter Mischtechnik versteht man die gleichzeitige Verwendung verschiedenartiger Farben. So lassen sich Wasserfarben wie Acryl-, Gouache- und Aquarellfarben und sogar Bleistift, Kreide und Pastellstift sehr wirkungsvoll in ein und demselben Gemälde einsetzen. Bei gleichzeitiger Verwendung von Wasser- und Ölfarben in einem Bild müssen allerdings die Wasserfarben unbedingt zuerst aufgetragen und die Ölfarben dann darübergelegt werden, weil Wasser auf Öl nicht haftet.

Vor allem Pastellstift läßt sich ideal mit anderen Medien mischen, insbesondere mit Wasserfarben. Dabei spielt es dann keine Rolle, ob man mit den Pastellkreiden untermalt oder sie über die anderen Farben legt. Degas experimentierte sehr viel mit Pastellstift; er verarbeitete ihn mit Kohle und trug ihn sogar über einen dünnen Öl-Terpentin-Überzug auf.

Collage

Mit der Flut und Vielfalt an Foto- und Druckmaterial, das uns heute zur Verfügung steht, haben sich zahlreiche neue künstlerische Ausdrucksmöglichkeiten herauskristallisiert.

Die unkomplizierteste dieser modernen Methoden dürfte die Collage sein, bei der mit farbigem Material eine Illustration oder ein Bild zusammengestellt wird. Der Auswahl an Material sind keine Grenzen gesetzt. Voraussetzung ist lediglich, daß es sich auf einem Träger festkleben läßt, und deshalb spielt das Gewicht eine ausschlaggebende Rolle. Am besten eignen sich farbiger Stoff und buntes Papier, wobei das letztgenannte häufig aus reichbebilderten Magazinen stammt und seiner Farben und Oberflächenstruktur wegen genommen wird.

Einer ähnlichen Methode bediente sich Matisse in späten Jahren auf sehr effektvolle Weise – er färbte

Links unten: *Mehrere Techniken und Utensilien wurde für dieses Porträt verwendet. Die mit schwarzer Conté-Kreide ausgeführte Grundzeichnung wurde mit Aquarell- und Acrylfarben sowie Farbtusche überarbeitet.*

Rechts: *Aquarell- (links) und Acrylfarben (rechts) unterscheiden sich in Deckfähigkeit und Oberflächenstruktur beträchtlich. Hier wurden beide Arten auf schwarze Tusche aufgetragen.*

Unten: *Für diese Collage wurde zunächst die Komposition vorgezeichnet und dann das Bild aus gerissenen (wirkt besser als geschnittenen) farbigen Papierstückchen aus Zeitschriften zusammengestellt. Es empfiehlt sich, die Papierschnitzel vor dem Aufkleben erst einmal zur Probe aufzulegen.*

Papier mit Gouachefarben ein und schnitt anschließend die gewünschten Formen zurecht. Dieses Verfahren läßt sich auf vielerlei Art variieren. Man kann das Papier schneiden oder reißen, die Teile überlappt oder getrennt aufkleben und so ein lebhaftes Farbmosaik entstehen lassen.

Als ersten Gehversuch in diese Richtung sollten Sie sich an eine konventionelle Bildkomposition wagen. Versuchen Sie, ein Stilleben oder ein Porträt darzustellen, und verwenden Sie dazu anstelle von Farbe Papierschnitzel. Weitere Anregungen in dieser Hinsicht liefern beispielsweise die Arbeiten von Kurt Schwitters, der aus einer Unmenge verschiedenartiger Bus- und Theaterkarten allerlei interessante Kompositionen zusammenfügte.

Montage

Die Montage stellt eine interessante Alternative zur Collage dar. In diesem Fall wird das Foto- und Druckmaterial nicht nach Farbe und Oberflächenstruktur ausgesucht, sondern nach Inhalt und bildlicher Darstellung. Man schneidet die Abbildungen aus und setzt sie zu neuen Bildern und Szenen zusammen, die einfach schön oder aber ironisch oder bizarr sind.

Beide Techniken lassen sich mit ganz normalen Malverfahren kombinieren oder für sich allein verwenden. Wer ein gedrucktes Bild auf Farbe wiedergeben möchte, kann es einmal mit der reizvollen Technik des amerikanischen Künstlers Robert Rauschenberg versuchen und die Abbildung mit Hilfe von Öl oder Spiritus, der die Druckfarbe löst, auf eine gemalte Unterlage übertragen. Wenn Sie für den Untergrund Ölfarben benutzen, brauchen Sie nur das Bild wie ein Abziehbild mit der Oberseite auf die gemalte Unterlage zu legen und über die Rückseite zu reiben. Sonst muß das Bild mit Leinöl oder Terpentin angefeuchtet werden, ehe Sie es auflegen und über die Rückseite streichen.

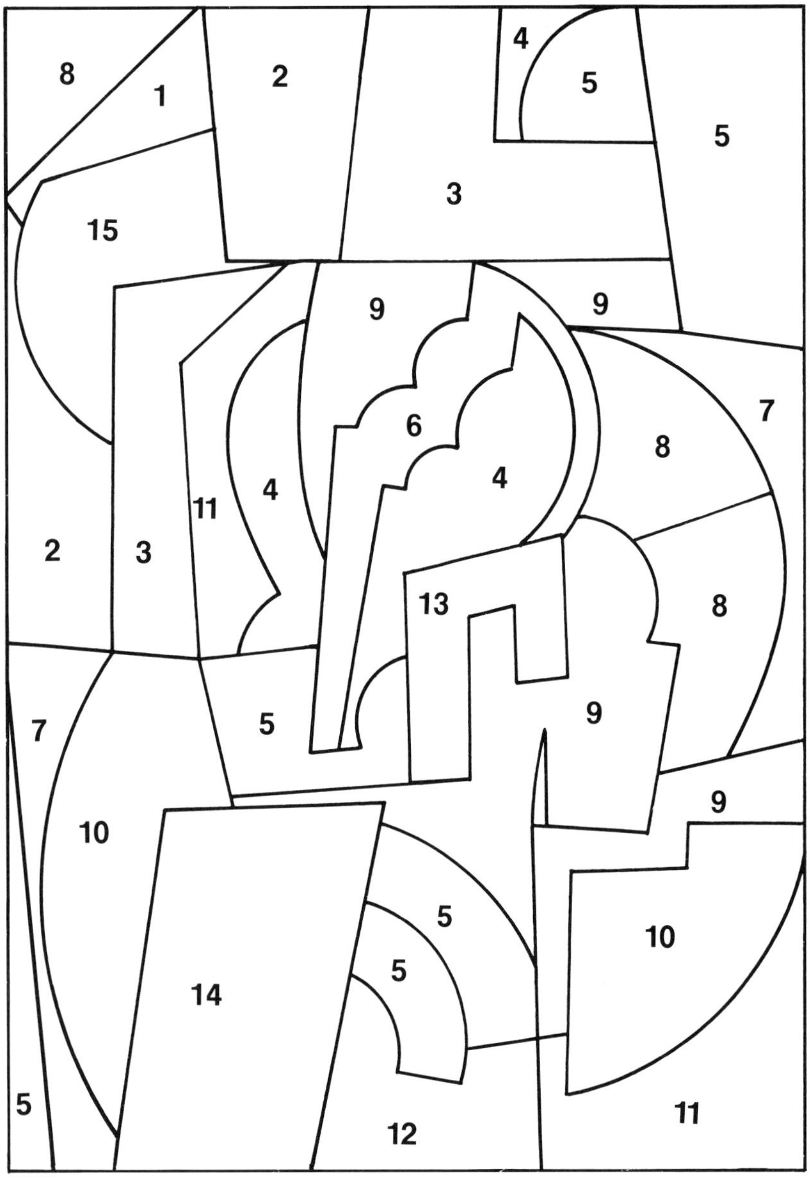

Wachsabdecktechnik

Statt bereits vorhandenes Material zu verarbeiten, kann man auch mit Wachs originelle Werke gestalten. Ölige Stoffe wie Kerzenwachs, auf einem Malgrund aufgebracht, verhindern, daß Wasserfarben haften bleiben. Sie können für diesen Zweck auch eine Gummimasse auf Spiritusbasis verwenden und sie anschließend wieder auflösen, so daß die ursprünglich ausgesparten Flächen Farbe annehmen.

Der Reiz dieses Verfahrens liegt in den zufällig entstehenden Effekten. Im voraus zu wissen, was dabei herauskommt, ist so gut wie unmöglich, und deshalb ermuntert gerade diese Methode zu einer gewissen Kühnheit in der Ausführung. Fröhliches Herumexperimentieren ist das A und O bei dieser Art von künstlerischer Arbeit.

Rechts: *Bei diesem kraftvollen und farbenfrohen abstrakten Bild wurden vielerlei Techniken angewandt. Es ist ein Beispiel für ausgefallene künstlerische Gestaltung, in der Farbe, Form und Oberflächenstruktur ebenso überzeugen wie faszinieren.*

Links: *Erläuterung der verschiedenen Techniken:*

1. **Bleistift auf texturierter Oberfläche**
2. **Farbstift über Wachsabdeckung**
3. **Tusche über Ölpastell und Graphit**
4. **Farbstift**
5. **Farbige Tusche über Farbstift**
6. **Weiße Wachsmalkreide über Farbstift und Tusche**
7. **Bleistift über Graphit**
8. **Ölpastell über Farbstift**
9. **Ölpastell über Graphit**
10. **Wachsmalkreide über Ölpastell**
11. **Graphit über Ölpastell**
12. **Farbstift und Graphit**
13. **Farbstift mit Pastell**
14. **Weiße Wachsmalkreide über Farbstift**
15. **Wachsmalkreide**

Fortgeschrittene Techniken

Jeder Mensch mit künstlerischen Ambitionen sollte sich darum bemühen, einen Blick für die bildhaften Dinge des täglichen Lebens zu bekommen. Der Weg zur Arbeit schon bietet eine gute Gelegenheit dazu. Menschen – allein oder in der Gruppe –, ihr Alter, ihre Haltung und Kleidung, die Beschaffenheit eines zerrissenen Plakats, die Wirkung von Tages- und Kunstlicht auf Gegenstände und Szenen – all dies kann zu Rohmaterial für meisterhafte Gemälde werden.

Ebenso wichtig ist es, Kunstgalerien und Ausstellungen zu besuchen. Von einem Edward Hopper z.B. kann man das eindrucksvolle Zusammenspiel von Blickwinkel, Farbgebung und kompositorischen und tonalen Kunstgriffen lernen. Dieses bewußte Betrachten erleichtert die Einschätzung der eigenen Arbeit und verhindert eine frühzeitige Erstarrung in einer konventionellen Haltung. Fast alle großen Maler ließen sich vom Werk früherer oder zeitgenössischer Künstler beeinflussen.

Farbton

Vom Optischen her bedeutet »Ton« die Dunkelheit oder Helligkeit jeder Farbe, einschließlich Schwarz und Grau. Es ist die Welt von Licht und Schatten. Mit Linien und Strichen grenzen wir eigentlich nur durch Konturen ab, wo ein Gegenstand aufhört oder sich durch Licht anders darstellt. Es gibt aber auch Gemälde und Zeichnungen, die hauptsächlich von der Farbgebung bzw. Schattierung leben.

Sehen Sie sich ein Rembrandt-Porträt an: Das Gesicht tritt aus einem dunklen Hintergrund hervor, in dem nichts eindeutig zu erkennen ist; es hebt sich damit scharf ab und tritt fast vor die Leinwand.

Diesen Effekt erreicht man, wenn man den Hintergrund zunächst dünn in einer dunklen Farbe anlegt und kräftige Mitteltöne für das Gesicht aufträgt. Mit Hilfe von dunkleren Tönen wird dann die Form plastisch herausgearbeitet. In diesem Stadium müssen zugunsten eines harmonischen Ganzen die aufgetragenen Farben einschließlich des Hintergrunds abgetönt werden. Wenn alle Teile des Gemäldes vom Ton her befriedigend aufeinander abgestimmt sind, können Sie sich an die akkurate Ausarbeitung der Form machen und zum Schluß Details einfügen und Lichter aufsetzen.

Farbton beim abstrakten Malen

Farbabstufungen gehören zur normalen Arbeitsweise aller Künstler, die gegenständlich malen, aber bei abstrakten Malern spielen sie sogar eine extreme Rolle. Das scheinbare Fehlen eines erkennbaren Gegenstandes kann durchaus täuschen. Abstrakte Maler beziehen nämlich gleichfalls die Form im Raum und Stimmungen in ihr Werk mit ein. Zu Beginn der abstrakten Bewegung fragten die Künstler, weshalb Malerei gewohnte Dinge darstellen müsse, um anerkannt zu werden. Sie

Rechts: *Die bemerkenswerten Licht- und Schatteneffekte, für die Rembrandt berühmt wurde, kommen in diesem Selbstbildnis überzeugend zum Ausdruck. Die feine plastische Ausarbeitung läßt das Licht über Gesicht und Hände fallen, wäahrend sich die übrige Gestalt in gekonnter Vereinfachung darstellt.*

Rechts: *In dieser Übungsarbeit zum Umgang mit Form und Fläche verändern und vergrößern sich mehrere immer wiederkehrende Formen über die ganze Leinwand hinweg. Noch interessanter wird es, wenn man die Formen »ganz von selbst« aus dem Hintergrund hervortreten läßt, indem man auf einer dunkelfarbigen Oberfläche den Hintergrund zunächst hell anlegt.*

argumentierten, Musik sei eine abstrakte Kunst, die etwas auszudrükken imstande sei, ohne das alltägliche Leben visuell wiederzugeben, und dasselbe könne auch für die Malerei gelten.

Sie entwickelten Parallelen zu allen Aspekten der Musik, und wie in ihr finden sich auch in der Malerei Farbe, Ton und Höhen, Harmonie und Dissonanz, Wiederholung und Kontrapunkt.

Marc Rothko, der abstrakte Expressionist aus Amerika, beschäftigte sich mit dem »Ton« auf abstrakte und stimmungsvolle Art. Er malte sehr dunkle Farbfelder von oft wuchtigen Ausmaßen, die in seinem reiferen Werk immer dunkler wurden, mitunter fast schwarz. Auf die Farbfelder setzte er luftige, diffuse Rechtecke, die unter Hintanstellung jeglicher wohldurchdachter Komposition durch den dunklen Raum auf der Leinwand zu treiben schienen. Die Rechtecke unterschieden sich im Ton nur ganz geringfügig vom Hintergrund, und damit entstand der ungewöhnliche Effekt von Körpern, die im Raum zu schweben und zu schwingen schienen.

Versuchen Sie, mit Farbtönen zu experimentieren. Variieren Sie die Farben unter Beibehaltung derselben Farbwerte, d.h. derselben Helligkeits- bzw. Dunkelheitsstufen der Farben.

Künstler wie Robert Motherwell malten dunkle, organische Formen mit kraftvollem Pinselstrich. Den Gemälden dieses Malers haftet etwas wie synkopischer Rhythmus an. Seine kühnen Kompositionen zeigen oft regelmäßige, fast symmetrische Formen, deren Akzente aber durch kleine, zufällige Veränderungen etwas verschoben sind, wie dies auch bei natürlichen organischen Formen vorkommt. Ihr Gefühl für Rhythmus können Sie weiterentwickeln, indem Sie sich eine Form vornehmen und sie wieder und wieder malen, immer wieder anders betrachtet und in irgendeiner Weise verändert. Das verbessert das Wahrnehmungsvermögen ungeheuer.

Jackson Pollock, das Urbild des Action-Malers, arbeitete mit Rhythmus und Farbton auf höchst interessante und unerwartete Weise. Er tropfte und verteilte die Farbe in rhythmischen Mustern auf die Leinwand, ließ die Farbfäden durcheinanderlaufen und so ein feines Liniennetz entstehen. Damit erzeugte er die Illusion einer ungeheuren Komplexität von Formen. Man braucht nur einer der Farbspuren über die Leinwand zu folgen, um zu erkennen, wieviel Rhythmus in dem Ganzen liegt.

Links: *Der impressionistische Effekt von Licht und Luft teilt sich in Claude Monets* Hochwasser bei Giverny *auf monochrome Weise mit. Die Formen der Bäume bilden den Rhythmus, der sich über das ganze Bild fortsetzt.*

Links: *In Camille Pissarros Gemälde* Côtes des Boeufs in L'Hermitage bei Pontoise *verbindet sich die impressionistische Idee von Licht und Atmosphäre mit den traditionellen Normen von Form und Geschlossenheit.*

Oben: Le Bec du Hoc, *diese bemerkenswerte Komposition von Georges Seurat, spiegelt das Interesse des Künstlers an den wissenschaftlichen Farbentheorien seiner Zeit wider.*

Pollock erzielte seine Effekte durch intuitive Plazierung der Farbspritzer und Tropfspuren; er arbeitete nicht nach einem zuvor erdachten Ordnungsprinzip. Am wirkungsvollsten sind die Gemälde, wenn sie großflächig angelegt sind, so daß sich der Betrachter ganz dicht vor die Leinwand stellen und von den kreuz und quer über die Farbflächen und -tupfer laufenden Linien fesseln lassen kann. Er erlebt dabei gewissermaßen die Entstehung des Kunstwerkes noch einmal.

Die Wirkung von Farbe

Sehr interessant ist die Art, in der sich Maler wie Monet, Pissarro und Sisley mit Farbe auseinandersetzten. Nach impressionistischer Philosophie ist der Wechsel von Farbe zu Farbe ebenso vertretbar wie die Veränderung des Tones. Viele ihrer Gemälde, insbesondere die von Monet, sind in ausgesprochen leuchtenden Farben und beinahe in einem einzigen Ton gehalten, aber mit Farbwechseln, die die Leinwand vor verhaltener Kraft schier beben lassen. Diese Theorie wurde von den französischen Spätimpressionisten Bonnard und Vuillard weitergeführt, deren wunderschöne Figurendarstellungen dank ungewöhnlicher Farben, Töne und Malweise im ersten Augenblick etwas mühsam zu enträtseln sind.

Nehmen Sie sich probehalber einmal ein eigenes Gemälde vor oder das eines Meisters, das Ihnen besonders gut gefällt, und geben Sie es in einem Farbschema wieder, ohne den Ton zu verändern. Damit bekommen Sie ein Gefühl für den Unterschied zwischen Farbe und Farbton, der außerordentlich wichtig ist.

Auch Georges Seurat, ein Zeitgenosse der Impressionisten, war am Thema Farbe besonders interessiert. Seine Gemälde waren jedoch systematischer aufgebaut als diejenigen der Impressionisten. Die Bilder, die in einer Zeit enormer wissenschaftlicher Fortschritte entstanden, spiegeln in ihrer Ausführung den Glauben an die Wissenschaft als modernes Allheilmittel wider. Seurat brachte die ungemischte Farbe in Form von Punkten und Strichen auf die Leinwand auf, getreu den damals neuen Theorien, nach denen Farbe optisch durch das Auge gemischt wird im Gegensatz zur tatsächlichen Vermischung durch den Künstler.

Seine Gemälde waren sehr straff nach den klassischen Regeln der

Ästhetik aufgebaut, die auf dem perfekten Rechteck und dem sogenannten »Goldenen Schnitt« fußten. Die fertigen Gemälde besitzen trotz theoretischen Aufbaus und penibler Ausführung eine eigene Lebendigkeit, und einige seiner Landschaften scheinen – aus der Distanz betrachtet – im Licht zu schimmern.

Ein anderer Maler, den man häufig den Impressionisten zurechnet, war Paul Cézanne. Einige seiner Werke entsprechen zwar ganz der impressionistischen Darstellungsweise, seine Absichten und Bestrebungen aber lagen weit von dieser Strömung entfernt. Das zeigt sich schon in dem dicken Farbauftrag bei vielen seiner Gemälde aus seiner mittleren Schaffensperiode, die das Sujet gewissermaßen auf der Leinwand aufzubauen versuchten. In reiferen Jahren arbeitete Cézanne noch mit den leuchtenden Farben der Impressionisten, trug sie aber dünner und kontrollierter auf.

Vorrangig war für Cézanne das

Problem, die sichtbare Welt auf der Leinwand in geometrische Formen umzusetzen – in Würfel, Kugel und Kegel. In dieser Hinsicht war er der Vorreiter des Kubismus, bewundert von Braque und Picasso, die sein Werk später studierten und es als Ausgangspunkt für ihre kubistischen Gemälde nahmen.

Allerdings ist dies sehr vereinfacht ausgedrückt. Während nämlich geometrische Formen als Basis für die Komposition eines Bildes angesehen werden können, war der Aufbau als solcher der ausschlaggebende Faktor für den Künstler.

Cézanne strebte in seiner Kunst nach Solidität und Dauer. Etwas so Flüchtiges wie Licht verwendete er dazu, Gestalt und Raum in Form von Ebenen zu entwickeln, die auf der Bildoberfläche hervortreten oder zurückweichen.

In den Kindertagen der abstrakten Malerei spielte Farbe für Künstler wie Wassily Kandinsky eine gewichtige Rolle. Er maß ihr symbolische Bedeutung zu und sah deshalb in ihr eine universale Sprache. Kandinsky gehörte der Gruppe »Blauer Reiter« an, deren Name auf das Sujet eines seiner frühesten Gemälde in diesem Stil zurückging. Die Mitglieder der Gruppe setzten Farbe auf dem Fundament einer durchdachten, aber ausdrucksstarken Anordnung ein, die sich mitunter auf tatsächlich wahrgenommene Dinge stützte, häufig jedoch zu beinahe abstrakten Formen stilisiert war.

Kandinskys Zeitgenosse Johann Itten sah in der Farbe etwas Unfertiges, in der Entwicklung Befindliches. Er war ein Theoretiker und schrieb ein Buch über die verschiedenen Eigenschaften von Farbe. So sprach er beispielsweise von sich widersprechender Farbgebung, wenn ein normalerweise dunkler Farbton gegen einen anderen, normalerweise hellen gesetzt wird, wie es in den Gemälden von Künstlern wie Wassily Kandinsky, Paul Klee und deren Zeitgenossen häufig zu beobachten ist.

Für viele Künstler ist die intensive Beschäftigung mit Farbe und ihren Feinheiten zur Lebensaufgabe geworden. Ihr Ziel als Maler sollte es sein, das Gebiet zu entdecken, das Sie am meisten interessiert. Das könnte Licht oder Form sein, Farbe oder Ton, Textur oder Komposition. Es lohnt, sich mit jedem dieser Aspekte zu beschäftigen. Haben Sie sich für etwas entschieden oder hat ein bestimmtes Gebiet Sie ganz von selbst gefesselt, studieren Sie, wie andere Künstler sich damit auseinandergesetzt haben, wo sich dieser Aspekt in der Natur und Ihrer Umgebung zeigt, und entwickeln Sie ihn so weit wie möglich. Betrachten Sie vor allem aber alles und jedes mit klarem und scharfem Blick.

Links: *In seinem Gemälde* Der Gärtner *wird Paul Cézannes Auffassung von Farbharmonien deutlich. Die an der linken Seite in kühlem Blau beginnenden Hintergrundfarben legen sich nach und nach um den Gärtner und hüllen ihn fast in grüne organische Formen ein. Zwischen den Farben des Hintergrundes und der Figur besteht kaum ein Unterschied – ein Hinweis auf die enge Verbindung des Gärtners mit seiner Umgebung.*

Rechts: *Dieses abstrakte Bild zeigt interessante Kontraste und Farbschattierungen.*

Landschaften

Skizzieren

Unter Skizzen versteht man vorläufige, häufig unfertige Zeichnungen oder Bilder. Skizzieren ist eine gute Übung, wenn es darum geht, Techniken zu erlernen oder sich auszudrücken. Als Rohentwurf für eine fertige Arbeit – ohne Details, aber mit groben Umrissen – regt die Skizze zu Ideen an oder bietet eine willkommene Möglichkeit, Beobachtungen festzuhalten. Bei dieser Form des Zeichnens sollten Sie sich ganz spontan und unbefangen ausdrükken. Viele Leute finden Skizzen sogar ursprünglicher und ziehen sie dem ausgearbeiteten Werk vor.

Ganz nach Belieben kann man seine Entwurfszeichnungen mit Bleistift allein anfertigen oder in Verbindung mit Aquarellfarben, Tusche oder beidem. Sie können beispielsweise mit Bleistift anfangen und das Ganze dann mit Tusche überarbeiten oder sich dasselbe Sujet zwei-

Oben: *Aus dieser Skizze sprechen Ruhe und Gelassenheit.*

oder dreimal vornehmen und dabei verschiedene Medien verwenden.

Eine Skizze dient dazu, die Möglichkeiten einer Szene auszuloten. Von der formalen Studie unterscheidet sie sich insoweit, als sie das Gesehene mehr andeutet als erklärt.

Eine Skizze kann daher ebensogut ein Volltreffer wie ein völliger Fehlschlag werden, doch gerade darin liegt nicht nur ein gewisser Reiz, sondern auch der Nutzen für den Anfänger. Sie mag manchmal nur für den Papierkorb taugen, manchmal aber auch Qualitäten besitzen, die man bei ausgefeilten Arbeiten vermißt.

Skizzieren ist ausgesprochen wichtig, wenn es um Landschaften geht, und die Ergebnisse werden um so besser, je besser man sein Handwerkszeug kennt. Dabei heißt es: Je einfacher, desto besser, man sollte aber auch für das Unerwartete gerüstet sein und immer eine gute Auswahl dabei haben.

Skizzenbücher

Zur Grundausstattung gehören vor allem Skizzenbücher mit steifem Deckel. Sie haben darin alle Zeichnungen beisammen, der harte Deckel schützt sie vor Beschädigung und dient überdies als Zeichenbrett. Skizzenbücher gibt es in vielen Größen und Qualitäten. Manche enthalten Blätter mit unterschiedlicher Oberflächenstruktur, so daß man allerlei ausprobieren kann. Verwenden Sie ein Blatt nach dem anderen, und schmieren Sie nicht einmal hier, einmal da herum.

Jede Skizze wird datiert und mit den notwendigen schriftlichen Anmerkungen versehen.

Taschen

Skizzenutensilien sollten leicht und gut zu tragen sein. An die schönsten Stellen gelangt man oft erst nach einem Fußmarsch; eine robuste, leichte Tasche, in der sich alle Utensilien sicher und bequem verstauen lassen, ist daher nicht zu verachten.

Links oben: *Die kantigen Konturen des Gebäudes im Hintergrund stehen in Kontrast zur natürlichen Form der Bäume.*

Links unten: *In dieser Skizze scheinen die Wolkenmassen in den wogenden Hügeln anzuklingen und noch verstärkt zu werden.*

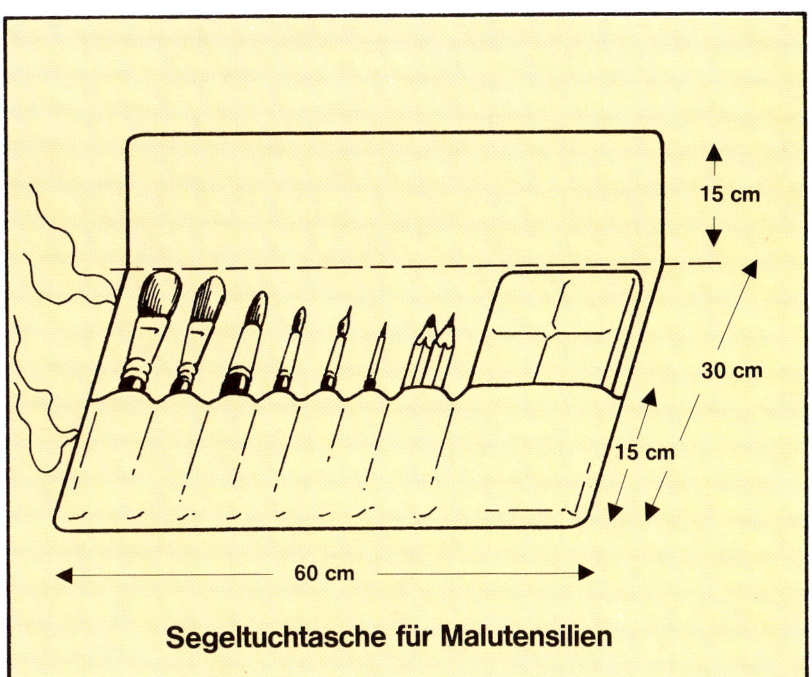

Rechts: *Eine einfache Segeltuchhülle ist leicht und billig selbst zu machen und ungemein praktisch zur Aufbewahrung von Malutensilien.*

Komposition: Proportion und Ausgewogenheit

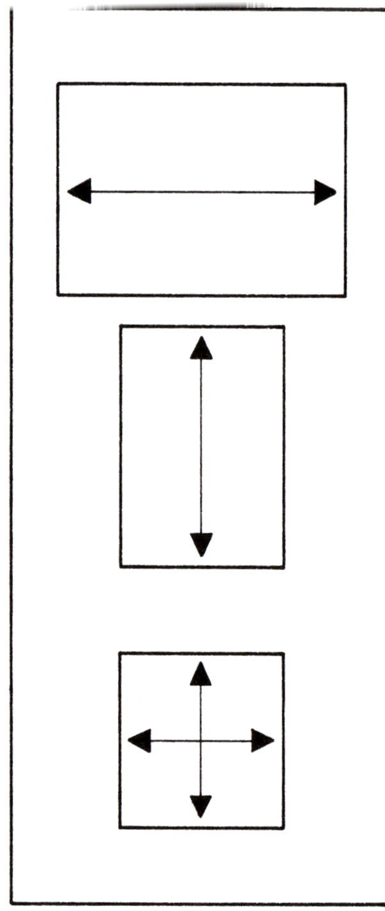

Im Gegensatz zum gemalten Bild hat die Natur nichts mit einem Rechteck zu tun. Da Zeichengründe aber meist rechteckig sind, heißt es, auszuwählen und anzuordnen, damit unser Gemälde zusammenhängend und überzeugend wirkt. Aus diesem Grunde sollte man ein wenig über Bildkomposition Bescheid wissen.

Fundament für eine gelungene Komposition sind zwei Grundvoraussetzungen: Proportion und Ausgewogenheit sowie Rhythmus und Bewegung.

Proportion

Malgründe gibt es im Landschafts-, im Porträt- und im quadratischen Format. Jede dieser Formen hat eine charakteristische Wirkung. Über das querformatige Rechteck wandert das Auge in horizontaler Richtung, während es beim hochformatigen von unten nach oben blickt. Durch die gleichlangen Seiten beim quadratischen Zeichengrund erscheint die Komposition statisch, und vielleicht wird dieses Format deshalb nicht so häufig verwendet.

Landschaften fügen sich naturgemäß besser in querformatige Rechtecke ein. Natur wirkt trotz aller Vielfalt und Lebendigkeit immer harmonisch. Die Proportionen sind niemals gleich. Das Rechteck hingegen läßt sich gleichmäßig oder ungleichmäßig unterteilen. Gleichmäßige Aufgliederung wirkt sehr leicht starr und leblos, während eine ungleichmäßige Aufteilung das Gefühl von Bewegung vermittelt. Die glücklichste Lösung, die die Wirkung zu steigern und Harmonie in das Bild zu bringen scheint, ist eine Dreiteilung des Rechteckes, wobei es keine Rolle spielt, ob die Drittel identisch oder verschieden groß, hoch- oder querformatig angelegt sind.

Die Schwierigkeit bei einer symmetrischen Komposition liegt darin, daß sie sich zwar vielleicht für bestimmte Sujets wie Stilleben, Blumenbilder, Porträts und Stadtbilder eignet, in den seltensten Fällen aber für Landschaften, weil es einer solchen Anordnung an Dynamik fehlt. Auch eine durch und durch geplante Parkanlage läßt sich im Bild nicht symmetrisch darstellen, ohne unnatürlich und steif zu wirken.

Setzt man augenfällige Gegenstände, wie Bäume oder Gebäude, landwirtschaftliches Gerät oder Gatter, genau in die Bildmitte, verliert das

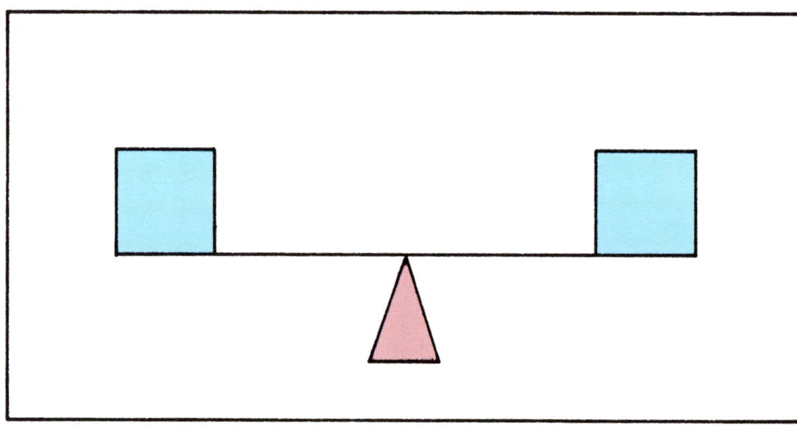

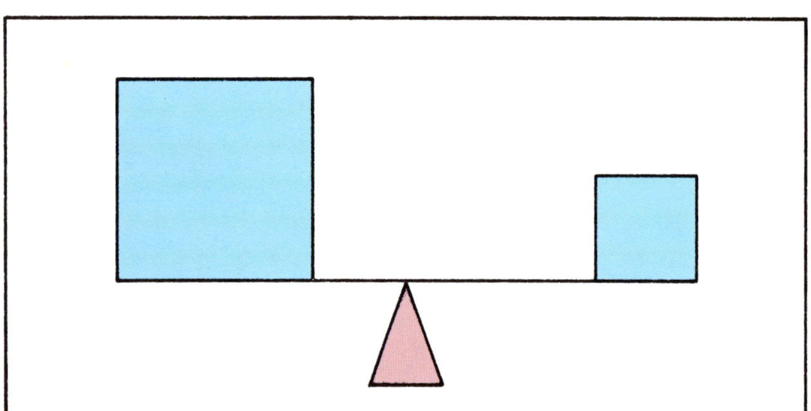

Ganze seinen visuellen Reiz; es kommt Langeweile auf.

Proportion ist vorwiegend eine Frage der Art und Weise, in der die wichtigsten Flächen angeordnet werden.

Die Verteilung von Form und Masse ist eine Sache der Ausgewogenheit.

Ausgewogenheit

Ausgewogenheit in einer Bildkomposition heißt, einen Hauptanziehungs- oder Brennpunkt zu schaffen, der weder die Einheit des Ganzen zerstört noch von anderen Elementen überlagert wird.

Das Auge wandert unentwegt von einem Anziehungspunkt zum andern und baut so im Gehirn ein Gesamtbild auf. Stehen nun interessante Einzelheiten nicht in richtiger Beziehung zueinander, dann macht sich eine Unausgewogenheit im Gesamtarrangement bemerkbar, und das ursprünglich Beherrschende in der Landschaft wird unbedeutend und trivial. Das erklärt auch, weshalb die atemberaubendste Landschaft als Fotografie oft so langweilig wirkt. Die Kamera stellt Einzelheiten nicht von selbst heraus.

Leblos und uninteressant wird ein Gemälde, wenn die einzelnen Bildabschnitte dasselbe visuelle Gewicht besitzen und symmetrisch angeordnet sind. Unterschiede in der Gewichtung und Asymmetrie hingegen bringen Reiz, Bewegung und Kontrast ins Bild. Asymmetrisch angelegte Kompositionen sind bei der Landschaftsmalerei also besser als gleichförmig-symmetrische.

Links oben: *Das Papierformat beeinflußt die Blickrichtung.*

Links unten: *Beide Waagen sind im Gleichgewicht, aber die untere wirkt dynamischer.*

Oben: *Am günstigsten ist es, Vierecke zu dreiteilen. Die dabei entstehenden Proportionen können sehr unterschiedlich sein, und der Brennpunkt kann auf einer oder innerhalb mehrerer Linien liegen.*

Unten: *Die Komposition dieses Bildes beruht auf der oben gezeigten Unterteilung. Den Brennpunkt bilden die von den Bäumen im Mittelgrund gesäumten Felder.*

Komposition: Rhythmus und Bewegung

Die Komposition bei Zeichnungen und Gemälden baut auf einer visuellen Harmonie auf, die sich aus der zwischen Strichen, Schraffuren oder Farbflächen bestehenden Spannung ergibt, die ihrerseits entsteht aus dem wechselseitigen Zug, den Strichführung oder Farbflächen aufeinander ausüben. Jede Linie für sich weist in eine Richtung und erzeugt eine Stimmung: So führt eine glatte, geschwungene Linie das Auge behutsam ihrem eigenen Verlauf entlang, während ein tief eingegrabener, zielloser Strich Spannung und Dramatik suggeriert. Jeder Zug in eine Richtung muß ausgeglichen werden, weil sonst das Auge des Betrachters von der Bildoberfläche abgleitet. Gleichgewicht ist der Kern jeglicher Bildkomposition, aber es sollte reizvoll und nicht langweilig sein.

Visuelle Bewegung

Rhythmus und Bewegung in einem Gemälde sollten das Auge dazu bringen, über das Bild zu wandern und schließlich am Brennpunkt zu verharren. Von hier aus kann der Blick dann erneut weiterschweifen, vielleicht in eine andere Richtung, aber immer wieder zurückkehren. Sobald das Auge ziellos umherwandert, stimmt irgend etwas mit der Komposition nicht.

Je mehr das Auge des Betrachters über das Gemälde schweifen kann, um so mehr Anteil nimmt es, und um so intensiver wird es dazu angeregt, zu schauen. Kontrollierte Bewegung zu erzeugen ist gar nicht so schwierig, wenn Sie auf Ihre Linien und deren Richtung achten. Das Auge

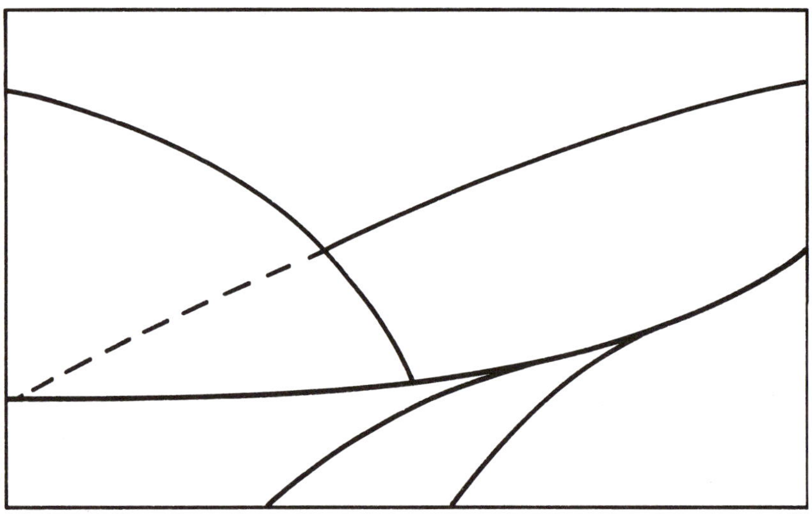

Oben und links: *Die Richtungslinien der schematischen Darstellung zeigen die wichtigsten Konturen auf, denen das Auge folgt, während es über das Bild schweift.*

Rechts: *Hier führt die Uferlinie entlang der Steine den Blick in das Bild hinein.*

Rechts außen: *Bei diesem Gemälde neigt das Auge dazu, auf der Hügelkante im Vordergrund zu verharren und von hier aus in die Ferne zu schweifen.*

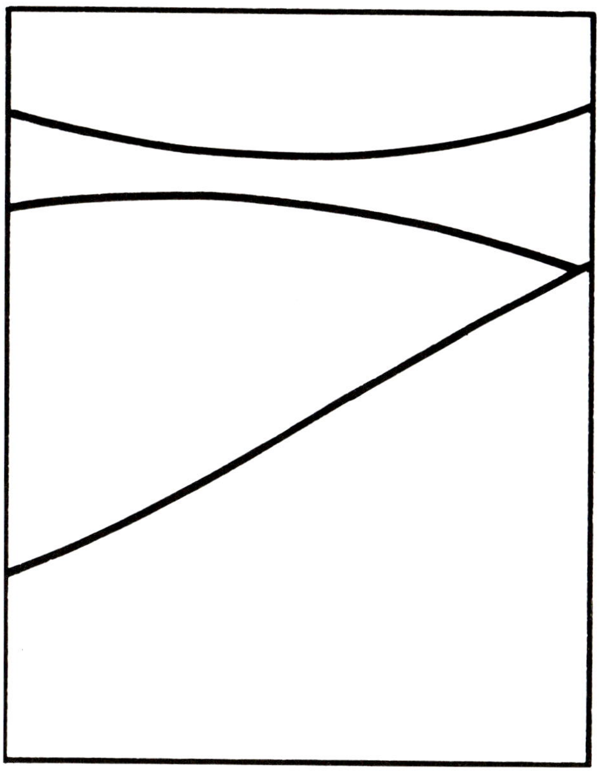

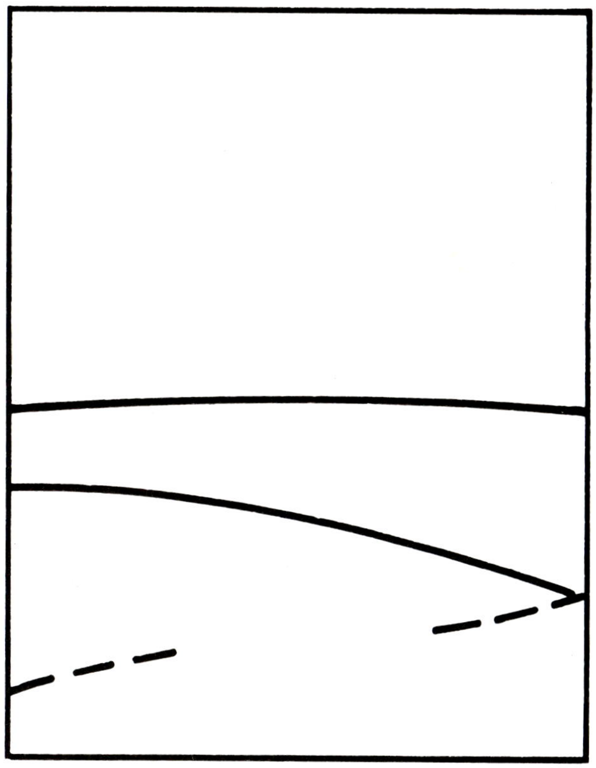

neigt immer dazu, einer Linie der Länge nach zu folgen – zwei in dieselbe Richtung führende Linien oder eine dicke verstärken diese Tendenz noch. Allerdings sollte der Blick an bestimmten Punkten haften bleiben, die das Gefühl geben, etwas Ähnliches in diesem Bild bereits wahrgenommen zu haben. Das ist durch ganz einfache Mittel, wie etwa eine sich wiederholende Rundung, zu erreichen. Dadurch entwickelt sich aber ein Rhythmus, der das Ganze zu einer Einheit werden läßt. Gute Bildkomposition ist das Ergebnis eines wohldurchdachten Zusammenspiels von Form, Farbe und Linie.

Der Raum in der Landschaft: Ebenen

Wir können uns in einer Landschaft bewegen, weil sie dreidimensional ist. Eine gemalte Fläche hingegen besitzt nur zwei Dimensionen – Höhe und Breite. Die Probleme, die sich daraus für den Maler ergeben, lassen sich durch traditionelle bildnerische Gestaltungselemente lösen: durch Linear- und Farbperspektive sowie den Regeln, die sich daraus ableiten lassen.

Eine wirkungsvolle Methode, die Illusion von Tiefe zu schaffen, ist die Überlagerung mehrerer Ebenen. Zerlegt man die Distanz zwischen dem eigenen Standort und der Horizontlinie in drei Teile, bekommt man es mit drei verschiedenen Flächen zu tun.

Der Vordergrund ist die Ihnen am nächsten gelegene Ebene, die zweite bildet den Mittelgrund und die dritte schließlich den Hintergrund. Legen Sie diese Ebenen gleich zu Anfang fest; dann können Sie im weiteren Verlauf der Arbeit jede für sich gestalten. Der Hintergrund z.B. kann ganz leicht angelegt werden, während im mittleren Teil schon mehr Details auftauchen. Der Vordergrund wird am sorgfältigsten ausgearbeitet, bekommt den dicksten Farbauftrag und die leuchtendsten Farben. Dadurch wird er optisch nach vorn gezogen, während die beiden anderen Ebenen zurücktreten.

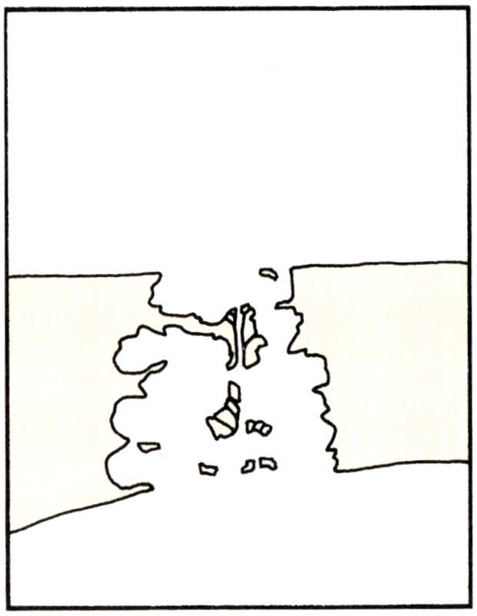

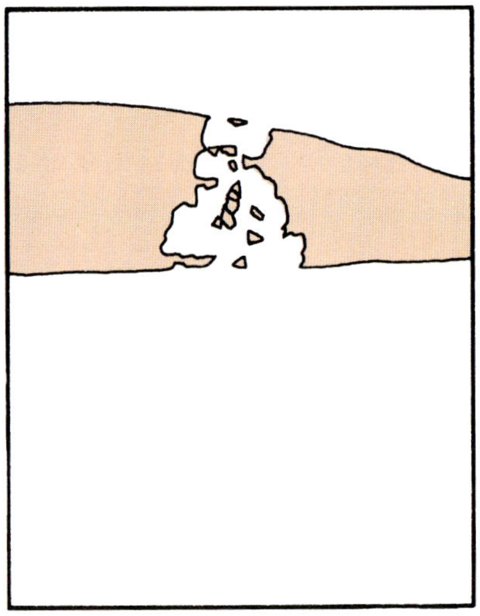

Oben: *Die Vorstellung von räumlicher Tiefe entsteht, wenn die einzelnen Flächen wie Ebenen behandelt werden. Farbwerte spielen bei dieser Art der Arbeit die wichtigste Rolle.*

Links: *Der Aufbau eines Gemäldes durch Ebenen vermittelt den gleichen Eindruck von Tiefe wie eine Bühnenkulisse.*

Rechts: *Die Aufgliederung des oben abgebildeten Gemäldes in Ebenen macht deutlich, wie sich jede Ebene durch unterschiedlich kräftige Farben und wechselnde Härte der Konturen auszeichnet.*

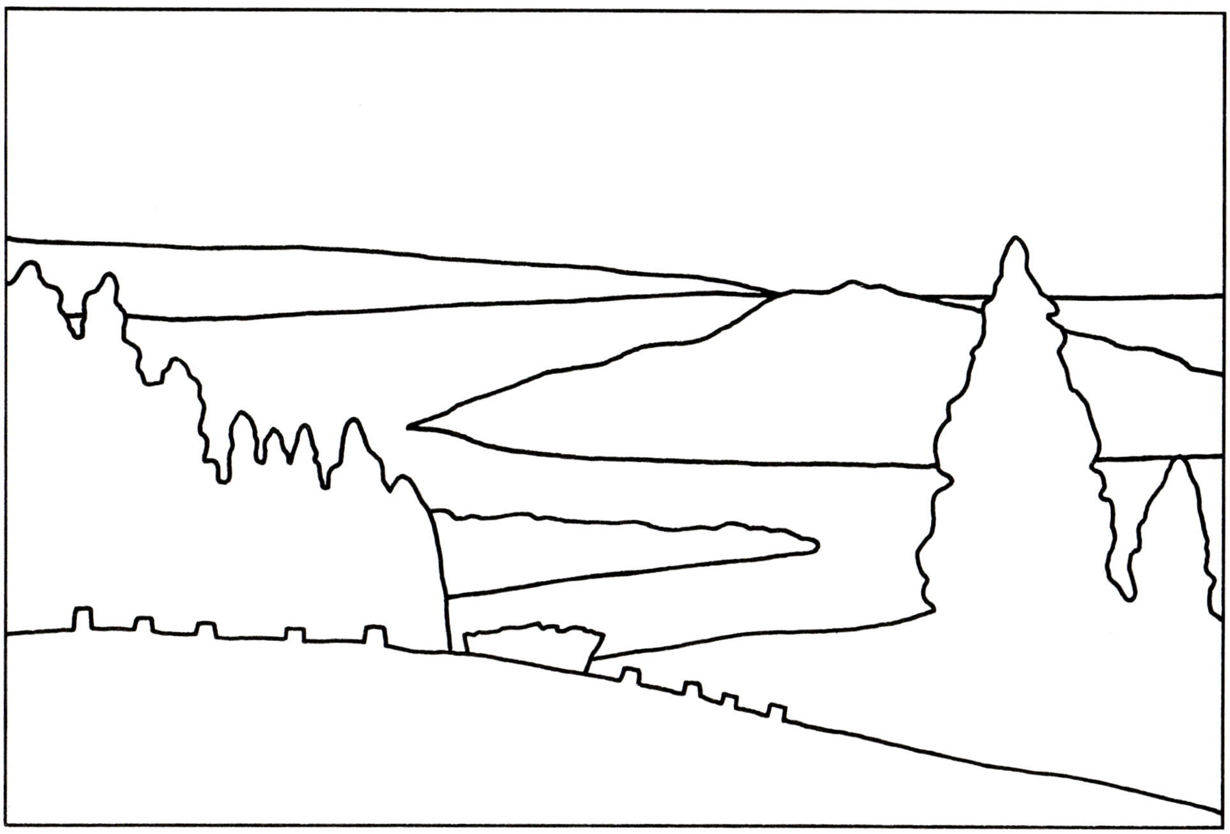

Der Raum in der Landschaft: Linearperspektive

Landschaftsmaler müssen nicht unbedingt alles über Perspektive wissen; sie können räumliche Tiefe überzeugend auch durch andere Mittel schaffen. Allerdings geht es nicht immer ganz ohne Perspektive ab, und es schadet daher nicht, ein wenig über die Grundregeln Bescheid zu wissen.

Die Linearperspektive wurde von den Architekten des 15. Jahrhunderts erdacht; sie wollten ihren Kunden zeigen, wie deren Häuser aussehen würden, noch ehe sie erbaut waren. Man muß sich vergegenwärtigen, daß Perspektive – ähnlich den gemalten Ebenen zur optischen Erzeugung von Tiefe – eine feste Regel darstellt, ein Hilfsmittel, mit dem man sich beim Zeichnen optisch wahrgenommener Dinge leichter tut. Für ein gut ausgeprägtes Wahrnehmungsvermögen gibt es allerdings keinen Ersatz – einerlei, was Sie zeichnen oder malen.

Die erste Entscheidung beim perspektivischen Zeichnen ist die Fest-

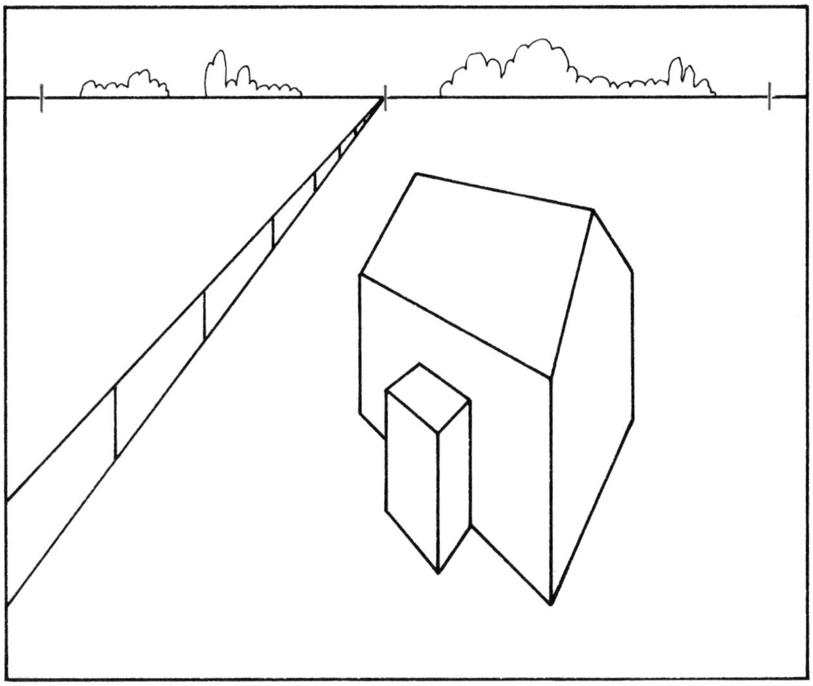

Links: *In dieser Skizze liegt die Augenhöhe des Betrachters hoch über dem Boden – so als sähe er von einem Hügel herab. Der Zaun, der unten links ins Blickfeld kommt, mündet am Horizont in den Fluchtpunkt. Zur Konstruktion des Hauses werden zwei Fluchtpunkte benutzt. Nach der Grundregel der Perspektive laufen sämtliche Parallellinien im selben Fluchtpunkt zusammen, der sich immer am Horizont befindet.*

Rechts: *Das gleiche Motiv von einer niedrigeren Augenhöhe aus betrachtet. Auch hier gelten dieselben Regeln. Die Fluchtpunkte finden sich an der Horizontlinie an derselben Stelle, auch wenn einige Linien am Haus nun abwärts verlaufen, weil sie über Augenhöhe liegen.*

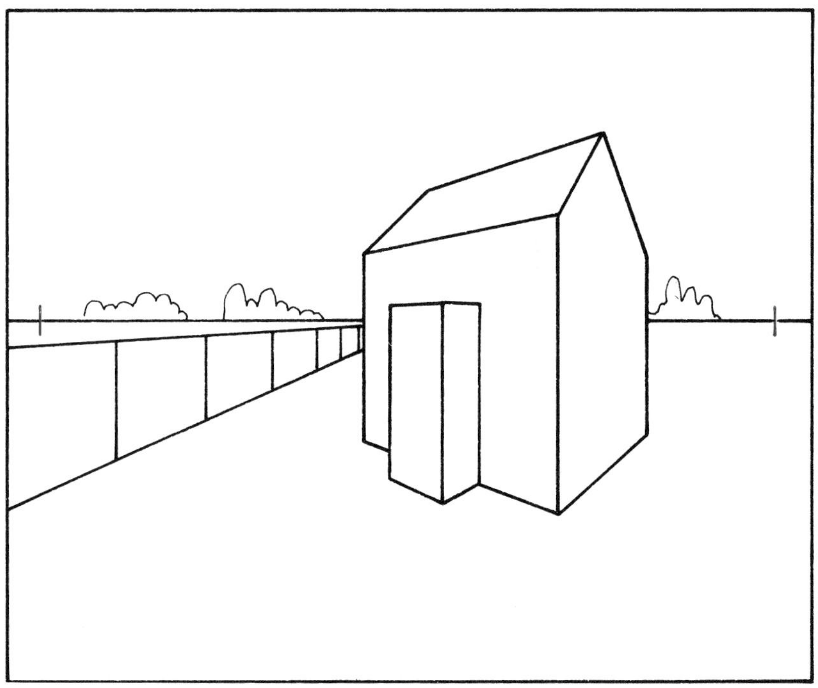

legung der Augenhöhe oder Horizontlinie auf dem Papier. Das hängt ganz vom eigenen Standort ab. Liegt er hoch oder niedrig?

Liegt der Blickpunkt hoch, dann verläuft die Horizontlinie auf dem Zeichengrund gleichfalls hoch, und alles, was sich darunter befindet, läuft nach oben darauf zu.

Umgekehrt, d.h. bei niedrig verlaufender Horizontlinie, fällt alles, was darüber liegt, zur Linie hin schräg ab.

Bei Augenhöhe auf Mittellinie erscheinen Steig- und Neigungswinkel gleichmäßig verteilt.

Diese Winkel, die abfallen bzw. ansteigen, bilden den Kernpunkt der Perspektive und sind dort klar zu erkennen, wo sie besonders spitz verlaufen – in Stadt- und Dorfansichten. In der offenen Landschaft treten sie nicht so deutlich in Erscheinung. Halten Sie sich beim Zeichnen an alles, was sich Ihnen bietet – an Gebäude, Straßen oder Zäune. Sie werden feststellen, daß ganz gewöhnliche Elemente wie eine Pfostenreihe, ein Zaun, der von Ihnen aus gesehen zurückweicht, oder sogar eine Straße Winkel besitzen, die Sie abschätzen können. Diese Winkel, die je nach Blickhöhe ansteigen oder abfallen, lassen sich ganz leicht bestimmen: Halten Sie einfach einen Bleistift senkrecht, und schätzen Sie den Winkel in Relation zum Stift ab.

Unten: *In dieser Zeichnung ist zu erkennen, daß die Fluchtpunkte nicht immer innerhalb der Bildfläche liegen; trotzdem gelten dieselben Regeln. Legen Sie notfalls einen größeren Bogen Papier unter, um im weiteren Verlauf der Arbeit die Lage der Fluchtpunkte nachzuprüfen.*

Der Raum in der Landschaft: Farbperspektive

Auch wenn es auf den ersten Blick nicht danach aussieht: Farbtöne spielen in der Landschaftsmalerei eine ebenso gewichtige Rolle wie Farbe selbst. Der Eindruck eines Gemäldes hängt von beidem ab.

Was genau versteht man unter dem Begriff »Farbton«? Er ist die Abstufung, d.h. der Helligkeits- bzw. Dunkelheitswert einer Farbe. Gekonnt aufeinander abgestimmte Töne erzeugen – wie in der Musik auch – mehr Harmonie und Ausdruckskraft. Harmonieren die Töne nicht miteinander, ist das Ergebnis verworren und wenig reizvoll.

Normalerweise kann man bei schlechtem Licht weder Farben noch Entfernungen richtig abschätzen. Deshalb ist auch das Autofahren in der Dämmerung oder Dunkelheit so schwierig. Das Licht reicht nicht aus, die farbempfindlichen Zellen des Auges in Gang zu halten; trotzdem versuchen diese Zellen aber zu arbeiten und stören die Botschaft, die das Gehirn von jenen Zellen aufnimmt, die nur für Schwarz und Weiß zuständig sind. Praktisch reagieren die Augen auf Farbtöne bereitwilliger als auf Farbe an sich; sie ist zweitrangig.

Hat man sich mit den Farbtönen einer Landschaft intensiver befaßt, ist man auch in der Lage, Entfernungen durch Farbe herauszuarbeiten. In der richtigen Abstufung vermittelt sie dem Auge den Eindruck von Tiefe.

Farbabstufungen sind leicht zuwege zu bringen. Die dunkelsten Töne erwecken den Eindruck von Nähe, die hellsten scheinen weiter entfernt zu sein. Gegenstände dicht vor uns wirken in Ton und Farbe kräftiger, sind im Detail deutlicher zu erkennen und verwischen sich mit zunehmender Entfernung. Wenn sie diesen Faktoren beim Malen Rechnung tragen, dürfte es Ihnen kaum schwerfallen, den Eindruck von Tiefe zu vermitteln. Mit Schattierungen verhält es sich weitgehend genauso: Im Vordergrund sind sie weit intensiver. Je weiter entfernt Gegenstände sind, desto blauer und grauer werden sie.

Links: *Dieselbe Darstellung – diesmal in Bleistift. Üben Sie mit verschiedenen Bleistifthärten so lange, bis Sie gleichartige Schattierungen auf kleinen und großen Flächen zustandebringen.*

Links: *Der Eindruck von Tiefe oder Entfernung läßt sich durch Farbabstufungen erwecken. Verschiedene Farben müssen allerdings im Ton aufeinander abgestimmt werden, und das ist mitunter nicht so einfach, weil manche Farben von Natur aus kräftiger sind.*

Oben: *Für jede Fläche den geeigneten Bleistift wählen und dann den richtigen Druck ausüben – darin liegt das Geheimnis einer guten Bleistiftzeichnung. Je mehr Sie die Bleistifttechnik üben und sie beherrschen, desto vielseitiger werden Sie.*

Oben: *Bei Federzeichnungen ist der Druck von untergeordneter Bedeutung. Die Farbe des Striches bleibt immer gleich. Tonabstufung ist in diesem Fall eine Frage der Strichdicke und einer lockeren oder gestrafften Strichführung.*

Oben: *Ein Gemälde mit nur einer Farbe (neben Weiß) ist eine empfehlenswerte Methode, den Umgang mit Farbe zu lernen, weil hier die Probleme reduziert sind. Die verschiedenen Farbwerte brauchen nicht beachtet zu werden. Sie können sich auf eine Farbe konzentrieren.*

Oben: *Wer mehrfarbige Bilder malt, muß verschiedene Farben auf denselben Farbwert mischen können; damit kann man dann ganz nach Belieben Flächen zurückweichen oder hervortreten lassen. Auch hier macht Übung den Meister.*

Licht, Atmosphäre und Kontrast

Licht ist das gewichtigste Element für den Maler. Ohne Licht existiert für das Auge überhaupt nichts, und sein Verhalten verdient deshalb besondere Aufmerksamkeit. Licht enthüllt nicht nur die Gegenstände in ihrer Körperlichkeit, sondern auch den Raum, in den sie gestellt sind: Es vermittelt Atmosphäre und Stimmung und läßt uns das Wesen von Farbe erkennen.

Licht, das auf einen Gegenstand fällt, erzeugt Schatten. Eines ohne das andere ist nicht denkbar, und Länge bzw. Dunkelheit des Schattens hängen von der Lichtintensität ab. Wichtig ist es festzustellen, aus welcher Richtung das Licht kommt. In der Landschaftsmalerei hängt der Lichteinfall vom Stand der Sonne ab; sie kann hoch oder niedrig stehen, links oder rechts von Ihnen oder im Rücken, und manchmal verschwindet sie hinter Wolken. Diese Faktoren müssen Sie in Rechnung stellen, ehe Sie anfangen zu malen. Beschäftigen Sie sich mit den unterschiedlichen Effekten der Sonneneinstrahlung auf die zurückweichenden Ebenen und mit der Verschiedenartigkeit des Schattenwurfes.

Je intensiver das Licht, desto tiefer die Schatten. Weicher und weniger auffällig sind sie, wenn das Licht durch Wolkenbildung diffus wird.

Sonnenlicht verändert sich im Laufe des Tages. Vom Morgengrauen bis zur Abenddämmerung wechseln die Stimmungen. In ähnlicher Weise wirken sich auch Wetteränderungen und Wolkenbildung auf das Licht und damit auf die Stimmung aus. Sie können Raum und Ferne deutlicher hervortreten lassen, müssen der besseren Wirkung wegen aber manchmal auch überbetont werden.

Im Frühjahr und Sommer strahlt das Licht in wärmeren Farben, und die Schatten sind schärfer umrissen und kontrastreicher. Während des Winters ist es dann weniger intensiv und läßt die Formen in der Landschaft draußen komplizierter erscheinen. Diese Verschiedenartigkeit des Lichtes wirkt sich auf die Atmosphäre aus und läßt sich überdies dazu nutzen, Tiefe zu erreichen oder die Bildkomposition zu vervollkommnen.

Links: *Diese schematischen Darstellungen veranschaulichen die Bedeutung von Licht und Schatten. Die Abbildung ganz oben wirkt flach und fade, weil die Richtung der Lichtquelle gänzlich außer acht gelassen wurde. In den beiden anderen Fällen lassen die Unterschiede in Richtung und Farbe der Schatten auf verschiedene Tageszeiten und die dafür typische Stimmung schließen.*

Oben: Bauernhöfe bei Auvers *von Vincent van Gogh. Das Bild ist in leuchtenden Farben und ohne Schatten gemalt. Was dabei herauskommt ist ein Gemälde, bei dem jeder Pinselstrich Sonne ausstrahlt. Vergleichen Sie es mit dem unten wiedergegebenen Werk von Norbert Goeneutte, dessen düsterer Himmel noch mehr Schnee verheißt. Ungewöhnlich an diesem Gemälde ist der helle Farbton von Straße und Platz, gegen den sich alle übrigen Bildelemente scharf abheben. Bemerkenswert ist auch der relativ ebenmäßige Farbauftrag auf der Leinwand.*

Landschaftselemente: Gebäude

Das Problem bei der Darstellung von Landschaftselementen liegt in erster Linie darin, diese Elemente sichtbar zu machen. Anders gesagt – man muß ganz genau wissen, was man sieht, und sich danach entscheiden, wie man das Gesehene zeichnen oder malen will. Die vermutlich schlimmste Aufgabe, der sich der Neuling gegenübersieht, ist die Entscheidung darüber, was »gesehen« wird. Jeder weiß ja, wie Häuser, Bäume und Gras aussehen, und dieses Bewußtsein wirkt sich hinderlich auf das Beobachtungsvermögen aus.

Was wir unter Welt verstehen baut sich auf Erfahrung auf, und das bedeutet, daß wir einen Gegenstand deshalb erkennen, weil er einer verstandesmäßigen Vorstellung gleicht, die wir von eben diesem Gegenstand haben: Wir vergleichen ein Objekt mit unserer Vorstellung von der Welt, definieren es so und können es dann getrost vergessen. Dadurch kann das Bewußtsein sich auf das konzentrieren, was im Augenblick wichtig ist, während die eigentliche Wahrnehmung im Unterbewußtsein vonstatten geht.

Sehen lernen

Das Problem, dem sich der Anfänger gegenübersieht, erscheint deshalb so schwierig, weil er den Hang zum Ignorieren und die damit verbundenen vorgefaßten Vorstellungen erst einmal über Bord werfen muß, ehe er mit dem Malen beginnen kann. Wenn Menschen behaupten, nicht malen zu können, heißt das eigentlich, daß sie das, was sie vor Augen haben, nicht genau genug sehen und analysieren können, um es zu Papier zu bringen.

Oben und rechts: *Die Ausschnitte auf dieser Seite wurden aus drei verschiedenen Entfernungen dargestellt. Vergleichen Sie, wie viele Details in den einzelnen Abbildungen zu sehen sind. Ein Gemälde sollte das wiedergeben, was man sieht, und nicht das, was man weiß. Sobald man mit dem Handwerkszeug richtig umgehen kann, ist die genaue und richtige Beobachtung der Schlüssel zum Erfolg.*

Die Illustrationen auf dieser und den folgenden Seiten sollen aufzeigen, auf welche Art und Weise sich ein Motiv darstellen läßt und wie man diese Aufgabe in Angriff nimmt. Das ist individuell ganz verschieden, aber keineswegs so schwierig, wie es aussieht, weil in der Kunst – wie bei allen anderen Dingen auch – der eine mit dieser Methode besser zurechtkommt, der andere mit jener, und jeder letztlich die Arbeitsweise entwickelt, die ihm am besten liegt, d.h. für ihn am einfachsten ist, und ihm am meisten bringt.

Arbeitsweise und Stil

Lassen Sie sich nicht durch die Tatsache entmutigen, daß Sie vielleicht mit einer bestimmten Arbeitsmethode nicht vorwärtskommen oder es Ihnen nicht gelingt, ein so vollendetes Werk zu schaffen wie andere. Der sogenannte künstlerische Stil ist zum großen Teil nichts anderes als eine individuelle Arbeitsweise, mit der der Betreffende gut zurechtkommt und die er durch Üben mit allerlei Materialien weiterentwickelt und ausbaut.

Starre Regeln für die Erlernung der Zeichen- und Malkunst gibt es nicht. Wenn Sie beispielsweise zu Beginn mit einem bestimmten Medium oder Material besonders gut zurechtkommen, dann bleiben Sie unbedingt dabei, und nehmen Sie nichts anderes, bis sich Ihr Selbstvertrauen gefestigt hat. Nicht selten stellt sich heraus, daß man später auch mit anderen Materialien umgehen kann und sich dann einer abgewandelten Technik bedient, die sich aus der bisher gewohnten Arbeitsweise herauskristallisiert hat.

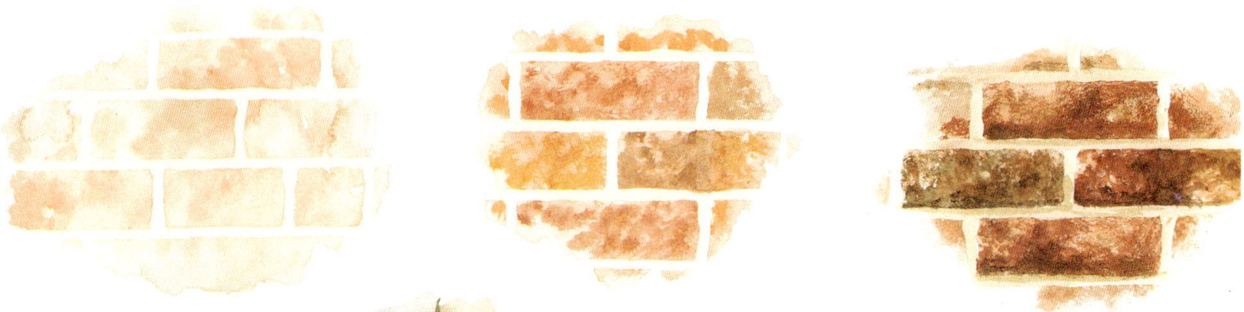

Oben und links: *Diese Beispiele zeigen, wie man solche Details mit Aquarellfarbe ausarbeitet. Man arbeitet immer vom Allgemeinen zum Detail, wobei die Farben immer dunkler werden.*

Landschaftselemente: Bäume

Die in eine Zeichnung oder ein Gemälde einbezogenen oder weggelassenen Elemente sind es, die dem fertigen Werk seine Überzeugungskraft verleihen. Um beispielsweise das Typische eines Baumes oder Strauches wirklich zu treffen, muß man ein wenig über seinen Aufbau Bescheid wissen.

Ähnlich dem menschlichen Körper mit seinen Knochen und Muskeln besitzen Bäume oder Sträucher Stamm und Äste. Beim Menschen zeigt sich die innere Struktur jedoch höchstens auf dem Seziertisch. Laubbäume und Sträucher hingegen werfen ihr Blätterkleid Jahr um Jahr ab.

Um die Struktur richtig zu erfassen, muß man das Gehölz mit und ohne Laub studieren. Beide Stadien spielen bei der Beschreibung der Form eine Rolle. Von winterlich kahlen Bäumen geht ebensoviel Würde und Schönheit aus wie von solchen im vollen Blätterschmuck.

Struktur

Bäume und Sträucher setzen sich aus einer Vielzahl kleiner Formen zusammen. Neben dem Hauptstamm bilden Äste, Zweige und Seitentriebe ein großes Ganzes aus länglichen Gebilden. Auch das Laubkleid besteht letztlich aus einer Unzahl kleiner Formen. Wer sich auf all diese Details konzentriert, wird jedoch nur ein dürftiges Ergebnis zustande bringen.

Links oben und unten: *Sehen Sie sich Form und Beschaffenheit der Bäume in Ihrem Landschaftsmotiv zunächst genau an. Wenn man die ersten Umrisse ganz leicht vorzeichnet, können sie später überzeichnet oder übermalt werden, ohne ausradiert werden zu müssen.*

Oben: *Blattwerk, das weiter entfernt ist, muß anders dargestellt werden. Wenn jedes Blatt einzeln gemalt wird, wirkt das Ganze am Ende leblos und unnatürlich.*

Versuchen Sie großzügig zu arbeiten; legen Sie zuerst den Umriß des Baumes fest, und brechen Sie allmählich diesen Umriß in kleinere Formen auf, damit das Ganze nicht starr und konstruiert wirkt. Arbeiten Sie grundsätzlich von den allgemeinen auf die speziellen Merkmale eines Motivs hin.

In Gruppen sehen Bäume und Sträucher anders aus. Einzeln stehend wirken sie mitunter statisch, in der Gruppe hingegen kommen durch variierende Farben und Formen Rhythmus und Bewegung auf. Auch die Farbe kann, wenn sie mit anderen im Kontrast steht, ganz anders wirken als einzeln.

Außerdem zeigt sich ein Baum im Wind, unter einem intensiven schrägen Lichteinfall oder vor einem ruhigen, gleichmäßigen Hintergrund ebenfalls immer wieder anders.

Das charakteristische Aussehen eines Baumes hängt nicht zuletzt von der Art seiner Belaubung ab. Manche tragen üppiges, dichtes Laubwerk, andere ein dünnes, schütteres Blätterkleid. Achten Sie beim Malen gleich von Anfang an darauf, und halten Sie das Blattwerk locker, aber mit Gespür für die Form fest.

Es lohnt sich, ein Skizzenbuch nur für Bäume anzulegen und sie wieder und wieder aus der Nähe und Ferne zu zeichnen und zu malen.

Oben und links: *Das sind Beispiele, wie man einen entfernt stehenden Baum und einen Baumstamm aus der Nähe Schritt für Schritt aufbaut.*

Landschaftselemente: Himmel und Wolken

Eine ungemein wichtige Rolle in der Landschaftsmalerei spielen der Himmel und seine Farben; ihre Abstufungen und sein Licht beeinflussen jeden Winkel der Landschaft. Manchmal ist der Himmel Hauptmotiv und nimmt zwei Drittel der Leinwand ein, manchmal erscheint er nur als schmaler Streifen am oberen Bildrand. Trotzdem spiegelt auch dann das Gelände sein Aussehen wider.

Je nach Tageszeit – Morgengrauen, Abenddämmerung oder Mittag – zeigt er sich in intensiven Farben oder zart getönt, ist er klar oder wolkig. Gegen einen Vordergrund in kräftigen Farben gesetzt, wirkt das Firmament fahl und – umgekehrt – intensiv in der Färbung, sobald Sonnenlicht die Landschaft überflutet.

Nur selten erscheint der Himmel bewegungslos. Seine Veränderlichkeit und das von ihm ausstrahlende Licht führen zu den raschen und extremen Wechseln im Erscheinungsbild aller übrigen Landschaftselemente.

Der Himmel gleicht keineswegs einem von oben bis unten einheitlich gefärbten Vorhang. Die Farbabstufungen verlaufen vom dunkleren Himmelsgewölbe zu einem immer heller werdenden Horizont. Ein tiefblauer Himmel wird zum Horizont zu hellblau, und die Farben bleiben dabei durchaus nicht immer dieselben. Blau kann in Grün oder Purpur übergehen, und in der Morgen- oder Abenddämmerung sind Rot, Orange und Gelb keine Seltenheit. Manchmal durchlaufen die Farben das gesamte Spektrum, und das eben macht die Faszination des Himmels aus. Lernen Sie, diese Veränderungen zu entdecken, halten Sie mit kraftvollen oder verhaltenen Pinselstrichen diese Variationen in Intensität und Farbton fest, und unterstreichen Sie damit die vielen Erscheinungsbilder des Firmaments.

Nichts verändert den Himmel rascher als Wolken, die entweder vorüberjagen oder sich vor unseren Augen zu formen und aufzutürmen scheinen.

Wolkenformationen verwandeln

Links oben: *Die Malweise richtet sich nach dem Erscheinungsbild des Himmels. Hier wurde Aquarellfarbe auf feuchtes Papier aufgetragen und so der Eindruck von Sonnenlicht erzeugt, das nach dem Regen durch die Wolken bricht.*

Rechts oben: *Die Kontraste am Abendhimmel lassen sich besser herausholen, wenn Sie jede Farbschicht trocknen lassen, wodurch die Wolkenränder schärfer werden.*

Rechts: *Häufig muß man beide Techniken miteinander kombinieren.*

sich so auffällig und rasch, daß man nur durch ständige Beobachtung lernen kann, ihre Eigenheiten festzuhalten. Machen Sie es wie Constable – legen Sie sich ein Notizbuch ausschließlich für Wolken und deren Verhalten an. Das hilft Ihnen später bei Ihren Bildkompositionen; Sie kennen sich besser mit den Wolkenarten aus und tun sich beim Malen leichter.

Denken Sie immer daran, daß Wolken im wesentlichen zwar gasförmig sind und nichts wiegen, trotzdem aber Licht reflektieren und oft körperhaft und massiv wirken. Wie feste Formen besitzen sie klar abgegrenzte helle und dunkle Flächen.

Wolken hängen buchstäblich im Raum. Um den Eindruck von Tiefe zu vermitteln, muß man bei ihnen mit Hilfe von Perspektive und Maßstab genauso verfahren wie mit festen Gegenständen auf der Erde.

Rhythmus und Bewegung, von Wolkenformationen ins Landschaftsbild gebracht, wirken wie ein Nachhall der übrigen Gestaltungselemente oder bilden einen Kontrast dazu.

Ganz oben: *Zwei Phasen bei der Gestaltung einer Wolkenformation in alla prima-Manier. Die ersten Farben sollte man dünn auftragen, damit sich die weißen Flächen leichter darüberlegen lassen, ohne die darunter liegende Farbschicht zu zerstören.*

Oben und unten: *Hier sind drei Stadien während der Entstehung eines Himmels in traditioneller Ölmalweise wiedergegeben. Der Effekt wird gesteigert, wenn bereits angelegte Flächen einen Überzug mit ölverdünnter Farbe (Lasur) erhalten.*

Landschaftselemente: Wasser

Eigenarten und Aussehen von ausgedehnten Wasserflächen wie Meeren, Flüssen und Seen unterscheiden sich ganz erheblich vom Erscheinungsbild kleiner, abgegrenzter Gewässer wie beispielsweise von Teichen, Bächen und Pfützen. Diese Andersartigkeit ergibt sich hauptsächlich aus der Art des Lichteinfalles auf die Wasseroberfläche, die einmal von zusätzlichen bildnerischen Elementen umgeben ist, ein andermal nicht, sowie aus der Bewegung des Gewässers.

Meist sind es Wind oder Strömung, durch die sich das Wasser kräuselt. Manchmal jedoch gerät die Wasseroberfläche durch Vögel oder Fische, Boote oder Menschen in Bewegung. Wasser reflektiert alles, was sich in seiner Nähe, auf oder über ihm befindet, und je größer die Fläche, desto stärker spiegelt sich der Himmel wider. Kleinere, abgegrenzte Gewässer liegen eher ruhig da und besitzen oft die Klarheit eines Spiegels.

Wasserflächen sehen selten gleich aus, weil Wind und Strömungen wechseln. Der heute dahinströmende Fluß kann morgen einer Glasplatte gleichen, und man weiß nie, wie die Oberfläche aussehen wird. Auch der Himmel spielt im Zusammenhang mit der Reflexion eine Rolle. In jedem Fall tut man gut daran, ruhige Gewässer und rasch dahineilende Wasserläufe, Kräuselwellen und Wogen eingehend zu studieren.

Denken Sie immer an folgendes: Alle vom Wasser reflektierten Farben erscheinen im Ton dunkler. Bewegung bricht die Reflexion auf. Rührt sich wenig, bleibt das, was widergespiegelt wird, erkennbar; ist die Bewegung heftig, löst sich alles auf.

Oben und links: *Wie abwechslungsreich Wasser sich darstellen kann, ist an diesen Skizzen zu sehen. Erscheinungsbild und Charakter hängen stark von der Umgebung ab, und hierin dürfte sein besonderer Reiz liegen!*

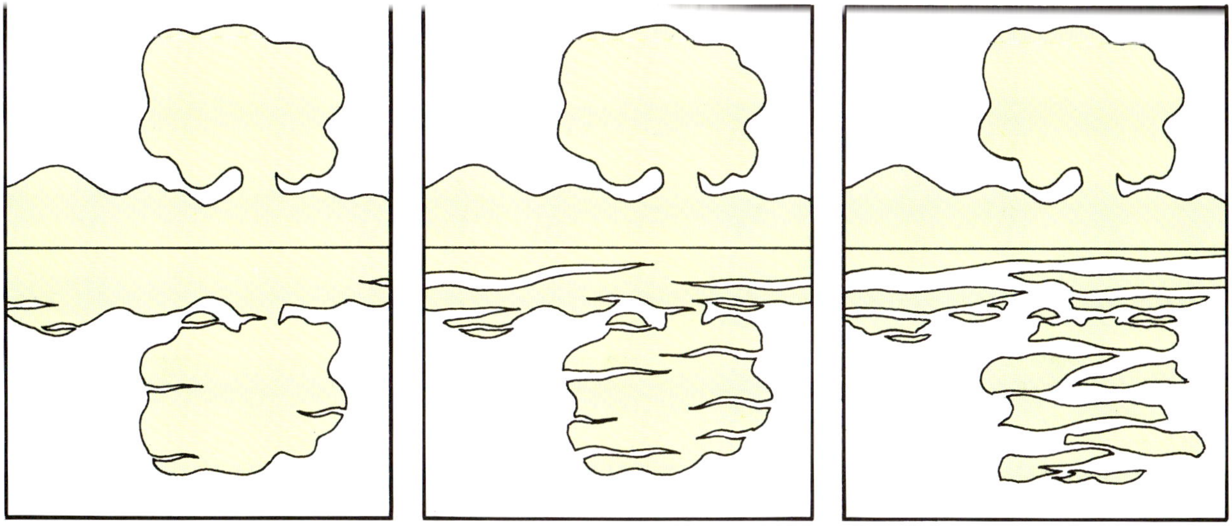

Oben: *Je nachdem, wie das Spiegelbild aufgebrochen wird, kommt mehr oder weniger Bewegung in das Bild – auch wenn sich am Sujet selbst nichts ändert.*

Links: *Auch durch die Brechung des Lichtes ändert sich vieles. Vergleichen Sie diese beiden Darstellungen ein und desselben Gegenstandes und achten Sie dabei auf die Veränderung des Farbwertes.*

Unten: *Mit Studien dieses Lilienteiches begann Monet in reiferen Jahren. Die fortwährende Veränderung von Oberfläche und Tiefe übte einen Reiz auf ihn aus, dem er sich für den Rest seines Lebens nicht mehr entziehen konnte.*

Zeichentechnik: Beobachten

Am Anfang der Zeichenkunst steht das Experimentieren mit verschiedenen Materialien, das ebenso wichtig ist wie die eingehende Beschäftigung mit den Strukturen von Bäumen, Felsen und Wolken. Zeichnen Sie munter drauf los, je öfter desto besser, und lassen Sie sich durch vermeintlichen Mißerfolg nicht abschrecken. Sämtliche Zeichnungen, auch die schlechten, sollte man aufbewahren. Wahrscheinlich wundern Sie sich beim späteren Durchblättern über die Fortschritte, die Sie mittlerweile gemacht haben.

Aller Anfang ist schwer

Vor einem leeren Blatt Papier, einem Bleistift und einer großartigen Landschaft zu sitzen, kann für den Könner ebenso entmutigend sein wie für den Anfänger. Wie fängt man an? Und wann kann man sich dessen gewiß sein, das Wesentliche festgehalten zu haben?

Wichtigstes Gebot ist es, sich nicht verbissen ans Werk zu machen. Der erste Blick auf eine Landschaft löst eine vielschichtige Reaktion aus. Es ist schwer, die eigenen Gefühle sofort richtig zu deuten. Setzen Sie sich erst einmal hin, lassen Sie den Blick über die Szenerie schweifen, und nehmen Sie den Gesamteindruck in sich auf. Keinesfalls sollte man den Versuch machen, das Gesehene zu analysieren, sondern es unvoreingenommen akzeptieren. Saugen Sie alles in sich auf wie ein Schwamm. Halten Sie dann mit ein paar einfachen, leichten Strichen diejenigen Aspekte der Landschaft fest, die Ihnen bedeutsam erscheinen. Zu früh dicke, dunkle Striche auf weißes Papier zu werfen, vergrößert nur die Probleme, denen beizukommen man gerade bemüht ist. Arbeiten Sie mit leichten, gestrichelten Linien oder Punkten, um ein Gespür dafür zu bekommen, wie der Bleistift über das Papier gleitet.

Diese Linien sind nur ein erster Versuch und brauchen nicht ausradiert zu werden, falls sie nicht an der richtigen Stelle sitzen. Lassen Sie sie ruhig stehen als Orientierungshilfe für Korrekturen.

Nun folgen ein paar Schattierungen. Leicht aufgetragen, gestrichelt oder verwischt, vermitteln sie gleichfalls das Gespür für die Strichführung auf dem Papier. Die Zeichnung wirkt dadurch »fertiger« und überzeugender.

Um das, was Sie zeichnen wollen, besser herauszuarbeiten, sollten Sie mehr auf die vor Ihnen liegende Szenerie blicken als auf die Zeichnung. Paradoxerweise wird die Darstellung immer konfuser anstatt klarer, wenn man den Blick mehr auf den Zeichenblock als auf das Motiv richtet. Durch Konzentration auf das, was

man wahrnimmt, reagiert die Hand ganz instinktiv und tut das, was sie soll, viel spontaner.

Verlassen Sie sich getrost auf Ihr Wahrnehmungsvermögen und das, was der Bleistift mühelos an Strichen zuwege bringt, und zügeln Sie Ihren Wunsch, herumzukritteln und sich in das einzumischen, was auf dem Papier entsteht. Allzuviel Kritik zerstört die Spontaneität, verdirbt die Freude an der Arbeit und läßt das fertige Werk schließlich gekünstelt erscheinen.

Nach und nach sollte Ihre Zeichnung immer dunkler und kräftiger im Ton werden, bis das ganze Papier ausgefüllt ist. Damit gewinnen Sie Selbstvertrauen, und wenn Sie zu Beginn des Guten zuviel tun, lernen Sie daraus, wie weit Sie tatsächlich gehen dürfen.

Wer nach dieser Methode im Freien zeichnet, nimmt dazu am besten einen Skizzenblock oder ein auf einem leichten Zeichenbrett befestigtes Papier und legt das Ganze auf die Knie. Eine Staffelei, wie man sie zur Ölmalerei braucht, wäre nur notwendig, um Skizzenblock oder Zeichenbrett aufzustellen, damit Sie das Gezeichnete mit dem vergleichen können, was Sie sehen. Dazu brauchen Sie Ihr Bild aber nur hochkant gegen eine Mauer oder einen Stein zu lehnen oder auf den Boden zu stellen und es mit etwas Abstand betrachten. »Distanz« zum eigenen Werk im wahrsten Sinne des Wortes führt zu mehr Objektivität.

Links: *Bei den ersten Strichen einer Landschaftszeichnung tun Sie sich leichter, wenn Sie die Porportionen mit einem Bleistift abschätzen, den Sie auf Armeslänge vor sich halten. Betrachten Sie dies aber nur als Hilfestellung für den Anfang, sonst wird Ihre Zeichnung verkrampft und steif.*

Rechts oben: *Die ersten feinen Striche einer Zeichnung.*

Rechts Mitte: *Mit kräftigen Linien und vorsichtigen Schattierungen gewinnt die Zeichnung an Substanz.*

Rechts unten: *Die fertige Zeichnung. Beachten Sie die leichte Hervorhebung des Bootssteges, und vergleichen Sie die Darstellung mit dem Foto auf der gegenüberliegenden Seite.*

Zeichentechnik: Auswählen

Ehe man bei einer Landschaftszeichnung die ersten Striche und Schattierungen zu Papier bringt, sollte man erst einmal eine Zeitlang alles betrachten. Dann müssen Sie sich entscheiden, was genau Sie zeichnen wollen und wie Sie das Motiv am besten herausarbeiten.

Durch Hervorhebung dessen, was Ihnen bei Ihrer Beobachtung wichtig erscheint, gewinnt Ihr Werk an Wirkung. Es müssen aber Dinge sein, denen Sie persönlich Gewicht beimessen. Lassen Sie sich nicht irreführen; ganz unbewußt wissen Sie nämlich, was für Sie von Bedeutung ist und was nicht.

Wie bereits erwähnt, beschränkt sich die Natur nicht auf ein Rechteck; ebensowenig müssen sich Ihre Augen mit einem Blickwinkel von 60° zufriedengeben. Dreht man den Kopf, oder läßt man die Augen umherwandern, dann kann man, ohne den Körper zu bewegen, mit einem Blick einen Bereich von 180° erfassen.

Entweder versucht man also, das ganze Panorama darzustellen, oder man wählt einen Teilausschnitt, der einem besonders gut gefällt.

Wenn Sie Ihre Augen wie das Zoom-Objektiv einer Kamera gebrauchen, können Sie den gewün- Zoom-Objektiv einer Kamera gebrauchen, können Sie den gewünschten Ausschnitt heranholen und vergrößern und alles weglassen, was Sie an der in der Ferne liegenden Szenerie nicht interessiert. Sie können zu nahe Objekte aber auch verkleinern.

Um herauszufinden, wie das funktioniert, braucht man nur durch ein aus einem – möglichst schwarzen – Stück Pappe ausgeschnittenes Rechteck zu sehen. Je nachdem wie nahe oder weit weg man diesen Rahmen hält, verändert sich der Bildausschnitt vollständig. Sie werden sich wundern, wie unterschiedlich die einzelnen Ausschnitte aussehen, wenn sie auf diese Weise von ihrer Umgebung losgelöst sind. Mit wachsender Erfahrung kann man später auf diesen Sucher verzichten.

Oben: *Ein Ausschnittsucher läßt sich leicht aus Pappe herstellen.*

Ausschnitte hervorheben

Sich für einen Ausschnitt zu entscheiden heißt, diesem Teilstück besonderes Gewicht beizumessen. Sie können auch mehrere Details aus einem Gesamtbild wählen, das Sie als Ganzes vielleicht langweilig finden oder nur schwer in den Griff bekommen. Und wem die Ansicht gefällt, wie sie ist, der sollte sie einfach im Ganzen festhalten.

Rechts und unten: *Zwei Zeichnungen, die von dem auf der gegenüberliegenden Seite abgebildeten Blickpunkt aus entstanden. Als Motiv für eine gute Zeichnung eignet sich beinahe alles, und darin liegt der Reiz der Landschaftsmalerei.*

Ölmalerei: Alla prima-Technik

Die Methoden, mit Ölfarbe umzugehen, sind so zahlreich wie die Maler selbst; jeder hat seine eigene Ausdrucksform. Fundament der Ölmalerei sind aber zwei Grundtechniken, auf denen jede individuelle Malweise aufbaut: der direkte Farbauftrag, die sog. alla prima-Technik, und die traditionelle Methode.

Unter alla prima-Technik versteht man die Fertigstellung eines Gemäldes in einer Sitzung. Die Farben werden dabei deckend aufgetragen, Vorzeichnung oder Untermalung verschwinden praktisch und haben wenig oder gar keinen Einfluß auf den späteren Farbauftrag. Alla prima kam im 19. Jahrhundert auf, als viele Maler dazu übergingen, Landschaften unmittelbar im Freien zu malen (Pleinair-Malerei).

Diese Malweise wird von Landschaftsmalern auch heute noch als ideale Möglichkeit geschätzt, ein Bild in einem Zug zu vollenden, insbesondere wenn das Wetter unsicher oder die Zeit knapp ist. Vielen liegt diese Technik auch von Natur aus besser.

Gemeinsamkeiten zwischen alla prima-Malerei und traditioneller Technik sind durchaus vorhanden; man braucht sich keineswegs völlig umzustellen, um mit beiden Methoden zurechtzukommen. Was Sie bei der einen lernen, können Sie bei der anderen brauchen. So können Sie beispielsweise durchaus nach traditioneller Manier Ihre Bildkomposition vorzeichnen und Vorausstudien oder Skizzen anfertigen. Im wesentlichen aber ist alla prima eine Technik, bei der in einem Zug gemalt wird und mit Ausnahme einer Untermalung oder Farbgrundierung keine Vorbereitung vonnöten ist.

Farbgrundierung

Ölfarben werden deckend aufgetragen. Ein wesentlicher Gesichtspunkt dabei ist, daß sich die Töne weit wirkungsvoller aufbauen lassen, wenn man im mittleren bis unteren Bereich der Farbskala beginnt und nicht im hellsten: auf einer weißen Leinwand.

Mit einem Wort – im Gegensatz zur Aquarellmalerei, wo ein Farbauftrag von Hell nach Dunkel das beste Ergebnis bringt, arbeitet man mit Ölfarben mehr von Dunkel nach Hell. Am günstigsten allerdings ist es, im mittleren Tonbereich zu beginnen, weil sich von hier aus Intensität und Abstufungen der hellen und dunklen Farben exakter gegeneinander abwägen lassen.

Leichter tut man sich bei diesem Verfahren mit einem von Anfang an hell bis mittel getönten Malgrund.

Links: *Die Landschaft, nach der das auf diesen Seiten beschriebene Gemälde entstanden ist. Beachten Sie die naturgetreue Wiedergabe der Farben.*

Links: *Hier das Gemälde in seinen ersten Entstehungsphasen. Auf der linken Seite sind die ersten Farbflächen angelegt, rechts ist noch die Farbgrundierung der Leinwand samt Vorzeichnung zu sehen.*

Ehe Sie sich also zum Malen auf den Weg machen, bereiten Sie am besten eine mit etwas ungebrannter Umbra abgetönte Weißgrundierung zu (manche Farbgeschäfte bieten eine spezielle Mixtur für diesen Zweck an) und überziehen damit Ihren Malgrund. Etwaige Streifenbildung stört nicht, sondern macht das Bild höchstens lebendiger. Allerdings sollte die Grundierung keine reliefartigen Spuren hinterlassen, weil diese den alla prima-Effekt der in einer Schicht aufgebrachten Farben verderben.

Trockenmittel

Das Dilemma bei der alla prima-Technik besteht darin, daß bei zu nasser Farbe die gewünschten Effekte mitunter schwer zustande zu bringen oder aber später, im trockenen Zustand, nicht mehr zu sehen sind. Es lohnt sich deshalb, mit Trockenmitteln zu experimentieren. Unter den vielen angebotenen Sorten hat man mit der neuesten Substanz auf Alkydharzbasis die besten Erfolge erzielt. Dieses Mittel ist sicher und unkompliziert in der Anwendung, führt während des Trocknens nicht zu Rißbildung und läßt sich gut vermalen. Je nach gewünschter Trockenzeit wird diese Substanz in normaler Konzentration oder mit Terpentin verdünnt verwendet. Darüber hinaus gibt es noch zwei Sorten, die dickflüssiger und für Impastoeffekte geeignet sind.

Rechts oben: *Vordergrund, Hintergrund und Himmel sind nun vom Farbton her ausgewogen.*

Rechts Mitte: *Die Baumreihe wurde kräftig angelegt. Hellere Bäume werden darüber- und dazwischengemalt und schieben die dunkleren etwas zurück.*

Rechts: *Das Gemälde ist fertig. Im Vordergrund findet sich gerade so viel Detail, daß man nicht vom eigentlichen Thema – den Bäumen und der dahinter liegenden Gebirgskette abgelenkt wird. In einer Komposition dieser Art ist es die abstrakte Qualität der Farbflächen und Strukturen, die zählt.*

Ölmalerei: Traditionelle Technik

Zeitraubender als die alla prima-Methode ist die traditionelle Technik, weil sie mit mehr Arbeitsgängen verbunden ist. Sie ist die ideale Malweise für Künstler, die bedachtsamer vorgehen und sich um größtmögliche Vollkommenheit bemühen.

Die traditionelle Technik eignet sich gleichermaßen für die Arbeit im Freien und im Atelier. Mit dem Malen im Atelier beschäftigt sich das nächste Kapitel, doch einerlei wofür Sie sich entscheiden – eine Staffelei brauchen Sie in jedem Fall. Sie können ungestört Ihre Farben richtig mischen und haben einen besseren Überblick. Tritt man nämlich ein paar Schritte von der Staffelei zurück, läßt sich das, was man in der Landschaft sieht, genauer mit dem Gemalten vergleichen. Im übrigen malt es sich auf einem senkrecht stehenden Malgrund leichter, und außerdem kommt es so nicht zu störenden Lichtreflexen.

Zu Beginn umreißen Sie den Teilabschnitt des Panoramas, den Sie malen wollen, ganz exakt, weil unter Umständen mehrere Sitzungen nötig sind. Fertigen Sie eine Reihe von Skizzen an, und zwar in der Art, wie sie im Kapitel über Zeichentechnik beschrieben wird.

Noch ehe man sich auf den Weg macht, muß die Malfläche grundiert werden; am besten ist eine Mischung aus ungebrannter Umbra und Weiß in mittlerer Abtönung.

Nun suchen Sie sich einen Standort, der Ihnen zusagt, und legen auf dem getönten Malgrund in groben Zügen die Bildkomposition an – entweder mit Kohlestift oder mit Pinsel und verdünnter ungebrannter Umbra. Das Ganze soll überschaubar, fast wie ein Diagramm sein und keine Details enthalten.

Nach dem Trocknen beginnt man damit, die Vorzeichnung zu übermalen. Der Auftrag sollte gleichfalls großzügig sein, in Farbe und Ton aber dem Sujet nahekommen.

Nehmen Sie sich für die Arbeit genügend Zeit – d.h. schauen Sie sich Bild und Motiv intensiv an, mischen Sie die Farben in aller Ruhe, und malen Sie nicht ununterbrochen. Zu eili-

Oben: *Landschaftsbild in der traditionellen Technik der Ölmalerei. Der Hauptunterschied zwischen alla prima und traditioneller Malweise ist die Dicke des Farbauftrages beim Übermalen. Wird ein Sujet in einem Zug gemalt, reicht die Zeit zum Trocknen der Farben meist nicht aus. Um unerwünschtes Ineinanderlaufen der Farben zu verhindern, trägt man sie einfach dicker auf. Bei der traditionellen Manier hingegen können die Farben trocknen und weitere Schichten dünner aufgetragen werden, so daß die Untermalung durchscheint; dadurch gewinnt die Darstellung an Tiefe, an Feinheit und Glanz.*
Braucht man beispielsweise einen Grünton, kann man ohne weiteres mit Gelb untermalen und eine dünne blaue Schicht darüberlegen. Ein solcher Farbton wirkt von innen heraus lebendiger und intensiver als ein einziger Auftrag mit deckender Farbe.
Wie bei der alla prima-Methode lassen sich auch hier Fehler durch Auskratzen und Übermalen korrigieren. Die ausgekratzte Fläche sollte vor dem Übermalen halbwegs trocken sein.
Wegen der Körnung des Malgrundes bleiben beim Abkratzen manchmal Pigmentrestchen an der Oberfläche haften. Seien Sie hier nicht pedantisch – solange diese Teilchen trocken sind, können sie daran bleiben, wodurch die Oberflächenstruktur sogar noch etwas interessanter wird.

ges Vorgehen bringt letztlich vielleicht nur trübe und verpfuschte Farben.

Das gesamte Verfahren läßt sich etwa so umreißen: zunächst breit angelegte Formen, die nach und nach kleiner und präziser werden, und Detailarbeit zum Schluß; großzügige Pinselführung zuerst, sorgfältig gesetzte Pinselstriche erst danach; und schließlich dünner Farbauftrag zu Beginn und fette oder dicke Schichten später. Solange Sie sich an diese Regeln halten, können Sie Ihr ursprüngliches Motiv jederzeit abwandeln oder einer neuen Situation anpassen. Davon sollten Sie auch Gebrauch machen, denn diese Anpassungsfähigkeit ist eine wesentliche Voraussetzung zum Entstehen eines guten Gemäldes.

Rechts: *Das Gemälde in seiner ersten Phase. Die grobe Vorzeichnung ist gemacht, und die Flächen sind einfarbig angelegt.*

Rechts: *In den Hintergrund wurden einige Details eingefügt und die Wolken in ihrer Rohform angelegt.*

Rechts: *Wolken und Berge sind nun plastischer ausgearbeitet, und zur Vollendung fehlt nur noch die detaillierte Ausgestaltung des Vordergrundes.*

Studien zu einem Ölgemälde

Beim Malen im Atelier kann man mehr aus dem Gedächtnis und der Phantasie heraus arbeiten. Sie sind dabei allerdings allein auf die zuvor draußen in der Natur gemachten Skizzen und Studien angewiesen und müssen versuchen, das Beste daraus zu machen.

Wegen ungünstiger Witterung oder anderer Umstände bleibt manchmal nichts anderes übrig, als im Atelier zu arbeiten. Und ein Ölgemälde, das unter Verwendung bereits vorhandener Zeichnungen und Aquarelle entstand, kann ebenso ausdrucksvoll sein wie eines, das unter dem unmittelbaren Eindruck geschaffen wurde.

Oben: *Als Vorlage für diese Studie diente die Fotografie links. Eingedenk der Tatsache, daß man nie zu viele Informationen haben kann, wurden so viele Details wie möglich in die Zeichnung übernommen.*

Zu wenige und zu flüchtige Skizzen können allerdings weder das Gedächtnis auffrischen noch die Phantasie anregen. Ihr Ziel beim Malen im Freien sollte deshalb sein, Erfahrungen zu sammeln und sorgfältige Studien anzufertigen.

Solche Studien sollten zwar großzügig sein, aber auch Details enthalten, sich mit Licht und Atmosphäre befassen, mit Wetterveränderungen, Wolkenformationen und der Struktur von Bäumen. Am besten ist es, zu diesem Zweck sowohl Zeichnungen wie Farbstudien anzufertigen und schriftliche Anmerkungen zu machen.

Häufig sind derartige Studien kaum mehr als Fragmente; doch solange sie sorgfältig ausgeführt sind, läßt sich viel damit anfangen.

Oben: *Anstatt Farbnotizen direkt in die Studie zu kritzeln, können Sie ein Pauspapier darüberlegen und sie darauf eintragen.*

Links: *Vordergrunddetail, das besondere Aufmerksamkeit erfordert. Es zahlt sich aus, von Menschenhand geschaffene Elemente in der Landschaft eingehend zu studieren, weil solche Dinge meist schwierig aus dem Gedächtnis zu rekonstruieren sind.*

Fertigstellung eines Ölgemäldes

Die Vollendung eines Ölgemäldes nach Skizzen und Studien im Atelier ist zunächst eine Sache der Komposition. Sie erleichtert die Suche nach einem passenden Sujet insoweit, als man Ansichten auswählt, die sich in das verwendete Format einfügen, und Formen und Farben ihrer Dynamik entsprechend wirkungsvoll aufteilt.

Das Rohmaterial, also Skizzen und Studien, läßt sich nach Belieben auswählen und zusammenstellen. Sie müssen sich nicht wie beim Malen im Freien auf das beschränken, was Sie sehen, sondern können Formen und Farben nach Belieben zusammenstellen. Trotzdem setzen natürlich Format und manchmal auch Größe des Malgrundes gewisse Grenzen, und was das Arrangement der Vorlagen angeht, müssen Sie sich an die bereits besprochenen Grundelemente der Bildkomposition halten.

Um die günstigste Lösung zu finden, empfiehlt es sich, aus den vorhandenen Skizzen probehalber Rohzeichnungen anzufertigen. Die besten werden dann auf das gewünschte Bildformat vergrößert und auf den Malgrund übertragen, den Sie ganz nach Belieben zuvor in Quadrate aufteilen können.

Ist die Bildkomposition auf die getönte Oberfläche übertragen, geht man beim Malen dann im großen und ganzen in der bereits beschriebenen Weise vor, nur daß Sie keine wirkliche Landschaft vor sich haben, sondern sich auf Ihr Gedächtnis und Ihre Vorstellungskraft verlassen müssen; und dabei können Ihnen Ihre Zeichnungen und Studien sehr von Nutzen sein. Wer glaubt, seinen schöpferischen Impulsen freien Lauf lassen zu müssen, braucht sich auch nicht strikt an die Vorzeichnung zu halten.

Im geschlossenen Raum zu malen, weit weg von einer Landschaft, an die man sich halten kann, ist vielleicht die wohltuendste Art, sich selbst auszudrücken, für den Anfänger allerdings etwas schwierig. Wer jedoch beharrlich ist und sich in diesen beiden Varianten des Malens übt, merkt, daß man wechselseitig durch die eine auch in der anderen vorankommt.

Rechts: *Eine Zeichnung in Quadrate zu unterteilen ist einfach. Die Anzahl der Quadrate spielt keine Rolle, solange sie zur Orientierung ausreicht. Denken Sie auch daran, daß beide Malgründe dieselben Proportionen haben müssen.*

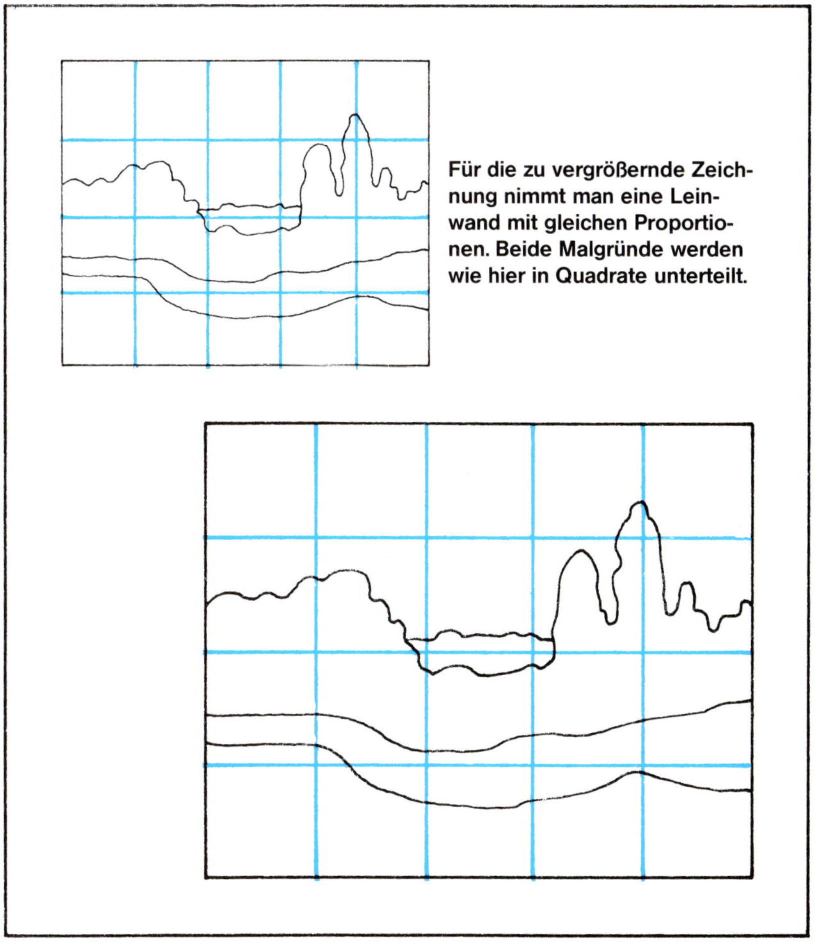

Für die zu vergrößernde Zeichnung nimmt man eine Leinwand mit gleichen Proportionen. Beide Malgründe werden wie hier in Quadrate unterteilt.

Unten: *Das im Atelier fertiggestellte Gemälde; gearbeitet wurde dabei in der nebenstehend gezeigten Reihenfolge. Die Vorzeichnung entstand aus den Studien auf der vorangehenden Seite, wobei zugunsten der Komposition noch Veränderungen vorgenommen wurden.*

Der Vordergrund

Der Vordergrund spielt in der Landschaftsmalerei eine derart gewichtige Rolle, daß er einer gesonderten Betrachtung durchaus wert ist. Schon immer haben die Landschaftsmaler den Vordergrund als wichtiges Element in ihre Gemälde mit einbezogen; es lohnt sich daher, sich mit ihren Werken näher zu beschäftigen.

Blickt man auf eine Landschaft, die man zu malen beabsichtigt, übersieht man leicht den Vordergrund, weil das Auge meist Ausschau nach Mittel- und Hintergrund hält und der Betrachter vergißt, daß die Szenerie bis an seine Füße reicht.

Viele Maler messen dem Vordergrund so viel Wert bei, daß er zum eigentlichen Brennpunkt wird und den meisten Raum auf dem Gemälde einnimmt. Verlassene Scheunen, Mauern, Zäune und Hecken, Teiche und Wassertümpel, Gatter und Ackergerät, umgestürzte Bäume und Wasserfälle – kurz alles, woran der Blick haften bleibt, eignet sich als Motiv oder Vordergrund.

Im allgemeinen wirkt eine Landschaft mit Vordergrund lebendiger oder authentischer. Ein harmonisch in die Bildkomposition eingebundener Vordergrund sorgt für Ausgewogenheit zwischen den übrigen Gestaltungselementen und vermittelt den Eindruck von Räumlichkeit. Er kann das Auge zum optischen Schwerpunkt des Bildes führen und Flächen im Gemälde füllen, die sonst wenig reizvoll wirken würden.

Der Vielfalt der Vordergrundgestaltung sind keine Grenzen gesetzt – vorausgesetzt, Sie achten schon beim Skizzieren darauf. Sobald Sie sich einmal mit den optischen Eigenheiten des Vordergrundes vertraut gemacht haben – großflächig, übersichtlich und kräftig in den Farben – wird er sich mehr und mehr einen festen Platz in Ihren Werken erobern.

Von Zeit zu Zeit sollte man sich ausschließlich mit diesem Bildelement beschäftigen und in einem eigens dafür angelegten Skizzenbuch die verschiedenen Gestaltungsmöglichkeiten für den Vordergrund festhalten. Sie werden es nie bereuen, weil Sie diese Zeichnungen vor allem für die Arbeit im Atelier immer brauchen können.

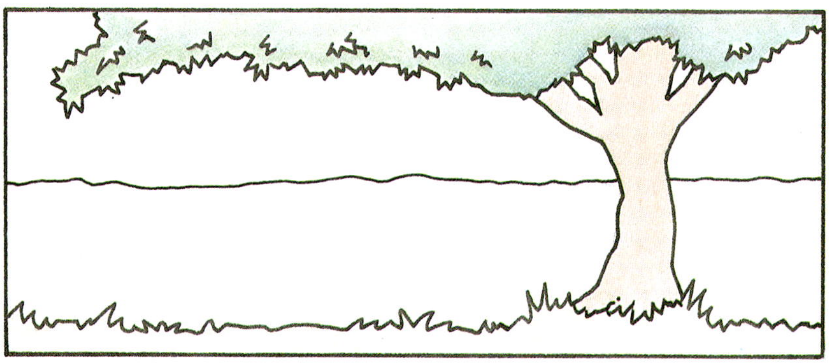

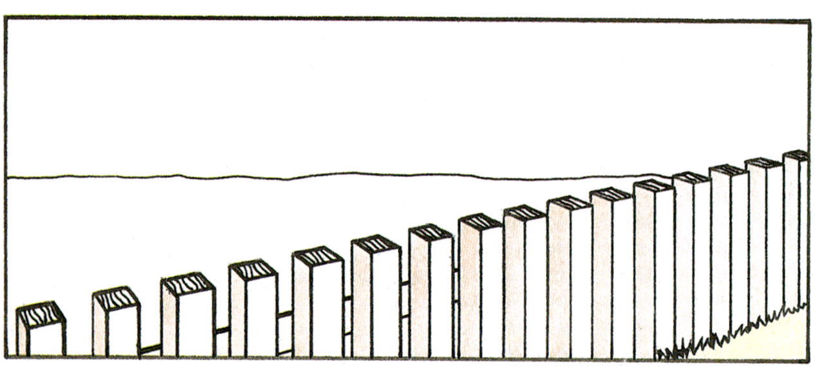

Links oben: *Baum und Grasland dienen als Kunstgriff zur Einrahmung von Mittel- und Hintergrund.*

Links: *Brennpunkt in dieser Skizze ist das Vordergrundmotiv, das durch den Hintergrund noch hervorgehoben wird.*

Links unten: *Wieder ist es der Vordergrund, der den Blick über und in das Bild lenkt.*

Rechts oben: *Detail aus van Goghs* Lange Gräser mit Schmetterlingen – *ein großartiges Gemälde, in dem der Vordergrund das Motiv ist und sich die Gesamtwirkung aus Farbe und Pinselführung ergibt.*

Rechts unten: *In diesem Ausschnitt aus Monets Gemälde* Badende bei La Grenouillère *führen die Boote im Vordergrund das Auge zum Bildmittelpunkt – zu den Badenden, die sich gegen das unter die Bäume einfallende Licht abheben.*

Erläuterung:
1. **Kreidestift**
2. **Caran d'Ache-Farbstift**
3. **Eintauchfeder aus biegsamem Edelstahl**
4. **Rapidograph**
5. **Sepia-Tusche**
6. **Ausziehtusche**
7. **Füller**
8. **Filzstift mit feiner Spitze**
9. **Farbtuschen**
10. **Caran d'Ache-Kreide und Tusche**
11. **Filzstift mit dicker Spitze**
12. **Stahleintauchfeder und Tuschegrundierung**

Strichmedium – anlegen. Sie entstehen durch Kreuzschraffierung und den Aufbau von Flächen aus feinen, dicht bei dicht liegenden Strichen. Diese Methode erlaubt eine große Vielfalt an Abstufungen, insbesondere in Verbindung mit Wasserfarben. Zum Experimentieren gehören außerdem allerlei Papiersorten und Hintergrundtöne.

Wenn Sie mit Farbstiften arbeiten, versuchen Sie einmal, farbige Flächen dadurch aufzubauen, daß sie mehrere Farben übereinanderlegen. Sie wirken so viel lebendiger.

Anhand der hier gezeigten Würfel können Sie sich ein Bild von der Vielfalt und Intensität farblicher Abstufungen machen, die mit den zum Figurenzeichnen üblichen Materialien möglich sind. Sauber gespitzte Bleistifte der Härtegrade F, HB und 2B ergeben klare, scharfe Linien. 3B- bis 6B-Stifte eignen sich besser für breit angelegte, rasch ausgeführte Schattierungen, während Kohlestifte, Zeichenkohle und Conté-Kreiden mehr Dichte besitzen, ohne den unschönen Glanz von Blei- und Graphitstiften.

1

2

3

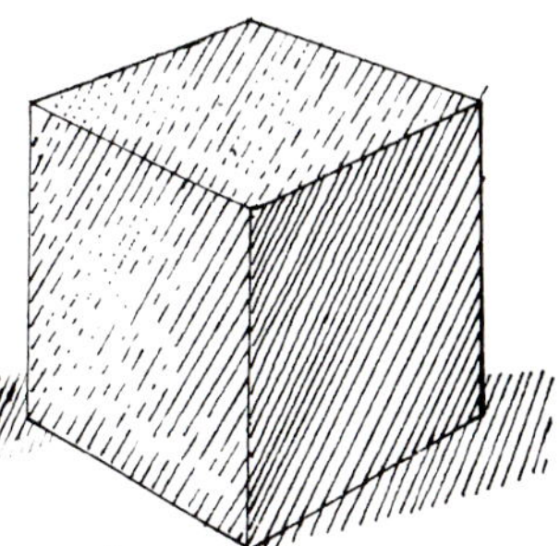
4

5

6

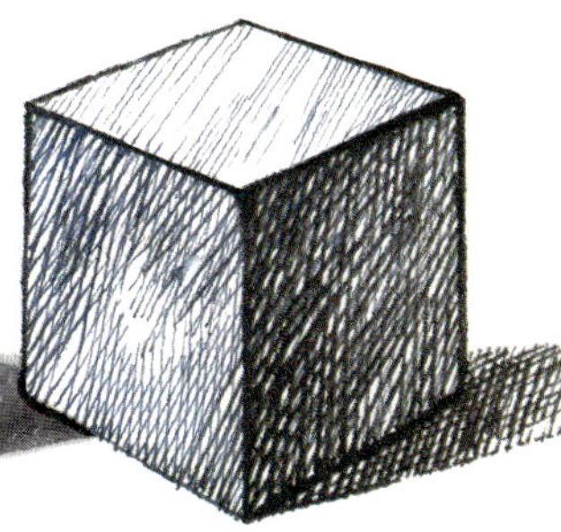
7

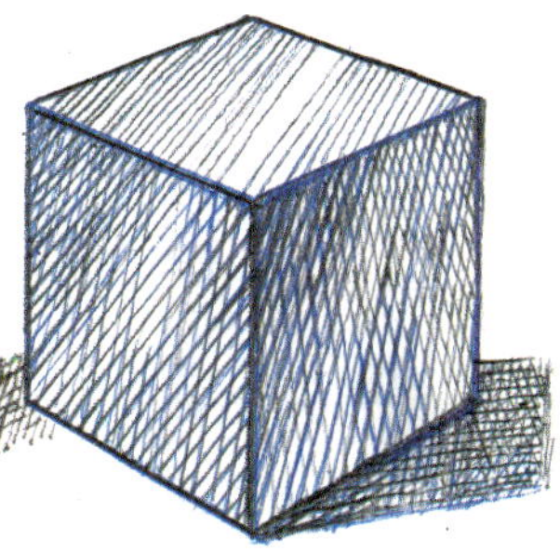
8

9

10

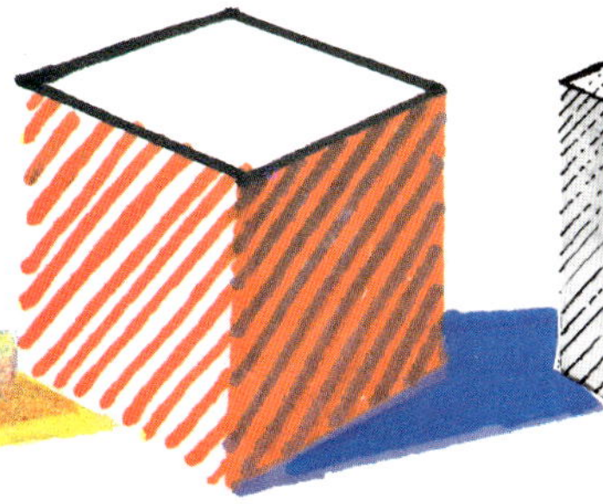
11

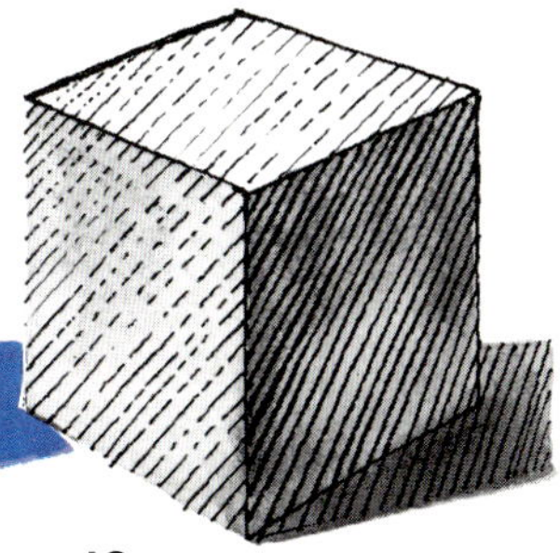
12

Sehen lernen

Der Zeichenvorgang läßt sich in zwei Komponenten unterteilen: in eine intuitive und eine analytische. Während des Zeichnens besteht so etwas wie ein ständiger Dialog zwischen diesen beiden Elementen, wobei das Übergewicht von der Art der entstehenden Zeichnung abhängt.

Wahrnehmungsvorgang

Das vom Objekt reflektierte Licht dringt in das Auge ein und fällt auf die Netzhaut. Die Information wird an das Gehirn weitergeleitet, das nun seinerseits der Hand den Befehl erteilt, bestimmte Striche zu machen. Das Gehirn vergleicht diese Striche mit dem Gegenstand und entscheidet, ob und wie korrigiert werden muß. Dieses Wechselspiel setzt sich bis zur Fertigstellung der Zeichnung fort.

Zu Beginn ist der Zeichenvorgang vorwiegend analytischer Natur. Mit zunehmender Erfahrung jedoch und besser geübtem Blick für Farbe, Form und Beschaffenheit zeigen sich mehr und mehr intuitive und emotionale Reaktionen. Anders gesagt – allmählich eignet man sich eine Art visuelle Sprache oder Vokabular an, das die Bewegung von Hand und Zeichenmedium lenkt. Der Aufbau dieses Vokabulars ist unerläßlich, wenn der Künstler Ordnung und Klarheit in diese intuitive Reaktion bringen will. Fehlt es, dann ist es fast unmöglich, eine wirklich schöpferische Einstellung dem Motiv gegenüber zu entwickeln.

Optische Täuschung

Intuitive Reaktion auf Formen ist zwar wichtig, wenn es darum geht, ein Gespür für Bewegung und Haltung der Gestalt zu entwickeln, aber auf die Beziehung zwischen Proportionen und Körpermasse müssen wir verstandesmäßig eingehen. Das Auge nämlich läßt sich manchmal täuschen wie z. B. in der Zeichnung oben, in der zwei gleichlange Linien durch die Pfeilspitzen unterschiedlich lang erscheinen.

Oben: *Das berühmte Beispiel einer optischen Täuschung: Die obere Linie erscheint länger, obwohl beide gleich lang sind.*

Blickwinkel

Das menschliche Auge besitzt einen Blickwinkel von etwa 60°, d. h. ca. 30° beiderseits der Sehlinie. Darüber hinaus kommt es zu Verzerrungen.

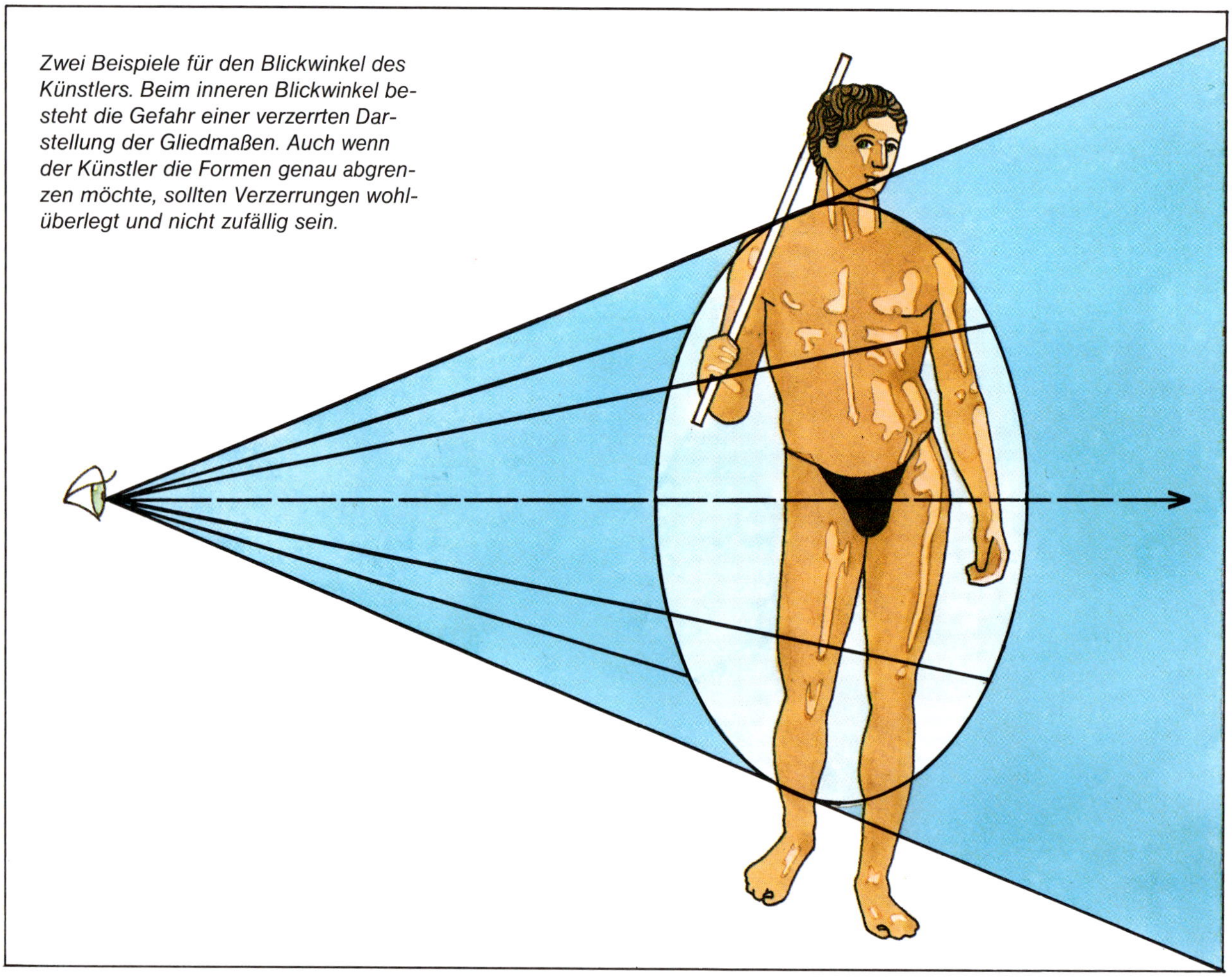

Zwei Beispiele für den Blickwinkel des Künstlers. Beim inneren Blickwinkel besteht die Gefahr einer verzerrten Darstellung der Gliedmaßen. Auch wenn der Künstler die Formen genau abgrenzen möchte, sollten Verzerrungen wohlüberlegt und nicht zufällig sein.

Wenn Sie nicht gerade auf einen besonders dramatischen Effekt aus sind, sollten Sie einen Abstand von mindestens 1,80 m zur sitzenden und 3,0 m zur stehenden Figur einhalten, damit Sie die ganze Gestalt erfassen können, ohne den Kopf zu bewegen.

Richtung ermitteln

Die Vertikale ermittelt man am besten mit Hilfe eines Senkbleis, oder man stellt den Zeichengrund hochkant und orientiert sich an der Kante.

Vergleichen Sie jeden Winkel am Modell mit einer gedachten oder tatsächlichen Vertikalen oder Horizontalen, ehe Sie ihn einzeichnen. Bei Rundungen empfiehlt sich eine gedachte Linie, die durch beide Endpunkte der Wölbung läuft und so das Abschätzen von Richtung und Krümmungsgrad erleichtert.

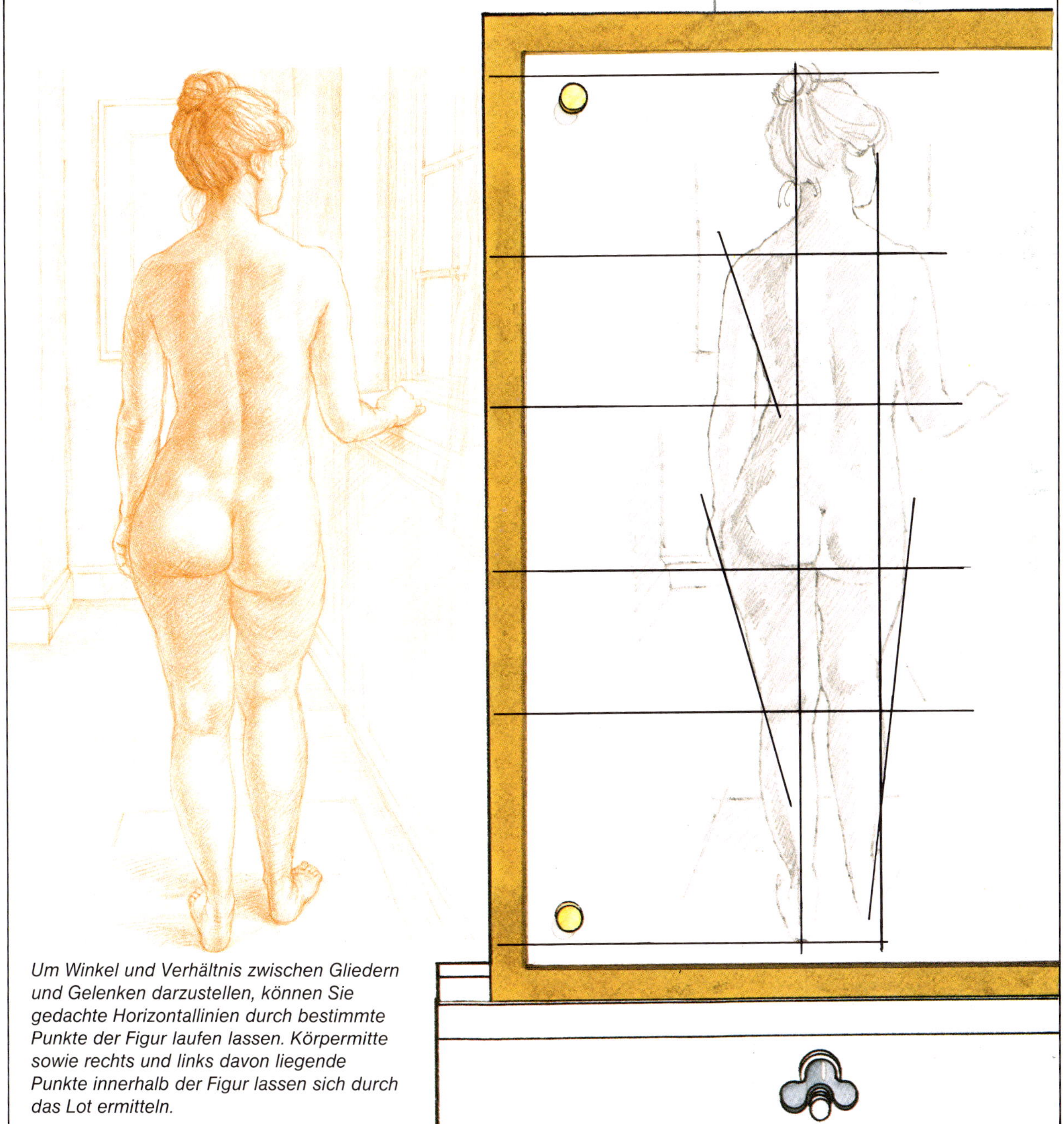

Um Winkel und Verhältnis zwischen Gliedern und Gelenken darzustellen, können Sie gedachte Horizontallinien durch bestimmte Punkte der Figur laufen lassen. Körpermitte sowie rechts und links davon liegende Punkte innerhalb der Figur lassen sich durch das Lot ermitteln.

Tips für Maßstab und Proportion

Mit dem Bleistift messen

Halten Sie den Bleistift auf Armeslänge vor das Modell, ermitteln Sie mit dem Daumennagel die relativen Maße von der Bleistiftspitze an, und übertragen Sie sie auf das Papier. Bleibt der Arm immer gestreckt, stehen diese Abmessungen im richtigen Verhältnis zueinander. Nehmen Sie grundsätzlich erst dann Maß, nachdem Sie sozusagen aus dem Handgelenk eine Rohzeichnung gemacht haben, die danach entsprechend angeglichen wird.

Maßstabsverzerrung

Wenn das Zeichenbrett beim Arbeiten auf einem Schemel oder Stuhl aufliegt, kommt es leicht zu Maßstabsverzerrungen, die ausgeglichen werden müssen. Beim Zeichnen mit der Staffelei ist dies überflüssig, weil die Zeichenunterlage mehr in Augenhöhe ist. Rechtshänder blicken links an der Staffelei vorbei, damit Zeichenhand und -arm nicht in der Sehlinie liegen, Linkshänder machen es umgekehrt. Bei der Arbeit mit Stuhl oder Schemel dürfen Oberkante des Zeichenbretts und Modell bzw. Motiv einander nicht überschneiden.

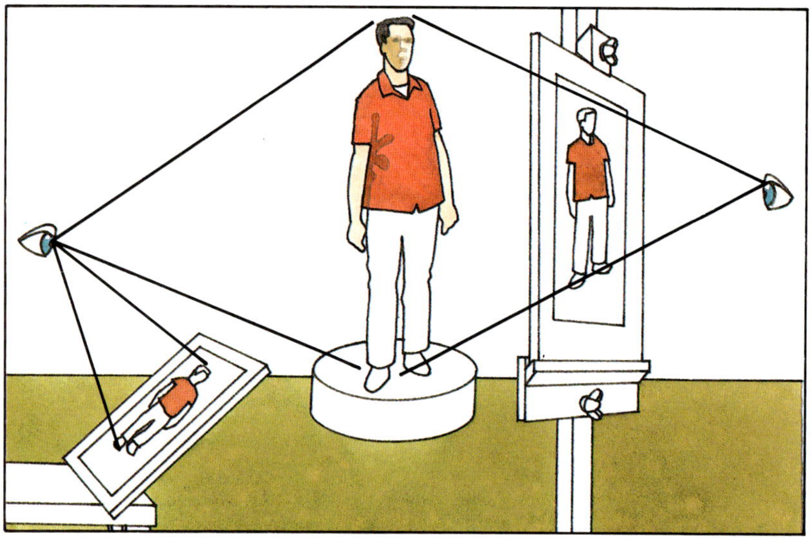

Oben: *Bestimmung des Maßstabs mit Hilfe des Bleistifts.*

Links: *Bei angewinkeltem Zeichenbrett muß man zur Vermeidung von Verzerrungen entsprechend ausgleichen. Versuchen Sie, möglichst immer im rechten Winkel auf das Zeichenbrett zu blicken.*

Übungen

1 – Maßstab und Richtung

Heften Sie aufs Geratewohl Papierstreifen, Holzleisten oder Schnüre bis etwa 1,20 m Länge an eine Wand oder ein Brett, und konzentrieren Sie sich darauf, diese Längen so akkurat wie möglich im richtigen Verhältnis zueinander zu zeichnen.

Eine einfache Übung, um Punkte und Winkel in Bezug zueinander zu setzen. Zur Bestimmung der Lageverhältnisse können Sie vor Fertigstellung der Zeichnung (c) verlängerte Hilfslinien (b) einfügen.

Arbeiten Sie auch bei dieser Übung mit dreidimensionalen Gegenständen in der bereits besprochenen Weise. Jedes Motiv, das der Künstler in Angriff nimmt, läßt sich zunächst in einer Reihe von Linien darstellen, die in Bezug zueinander stehen.

2 – Proportionen und Winkel

Stellen Sie einen Tisch gegen eine Wand, und verteilen Sie nach Gutdünken unterschiedlich lange Bretter oder Kanthölzer darauf und daran. Manche neigen sich dabei – von Ihnen aus gesehen – nach hinten und lassen sich beim Zeichnen in ihren Proportionen viel schlechter abschätzen. Zeichnen Sie die Hölzer zunächst nach Gefühle, und versuchen Sie dann, das Ganze mit Hilfe von gedachten Vertikalen und Horizontalen zu korrigieren, indem Sie die Enden miteinander verbinden und so die Stellung der einzelnen Teile zueinander festlegen (s. Beispiel auf S. 99).

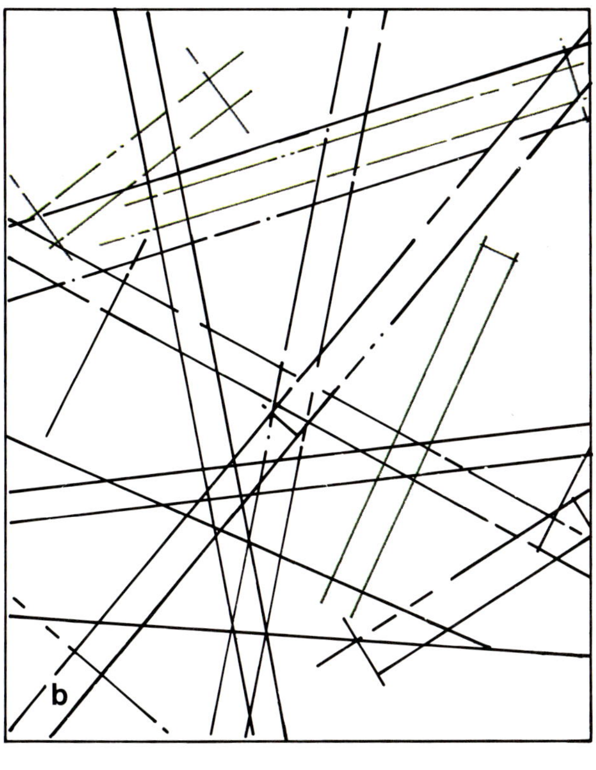

Formen erkennen

Interessanterweise versucht der Verstand immer, Formen als ihm bekannte Objekte zu identifizieren. Die willkürliche Linie in Abb. 1 läßt die Felder a und b als leere Flächen erscheinen, die in Abb. 2 dagegen läßt an das Profil eines Gesichtes denken und damit Feld d als körperhafte Form erscheinen.

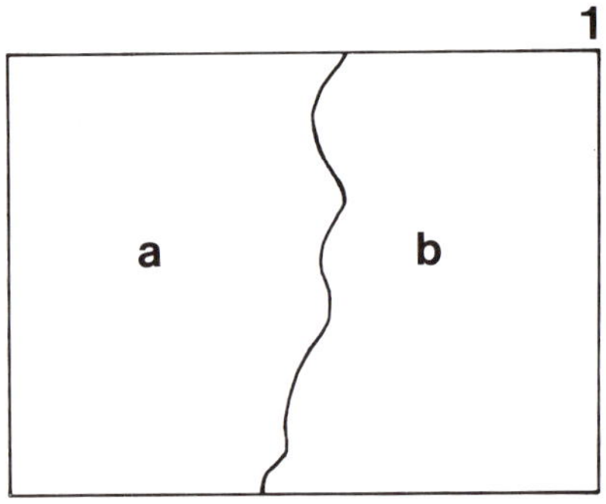

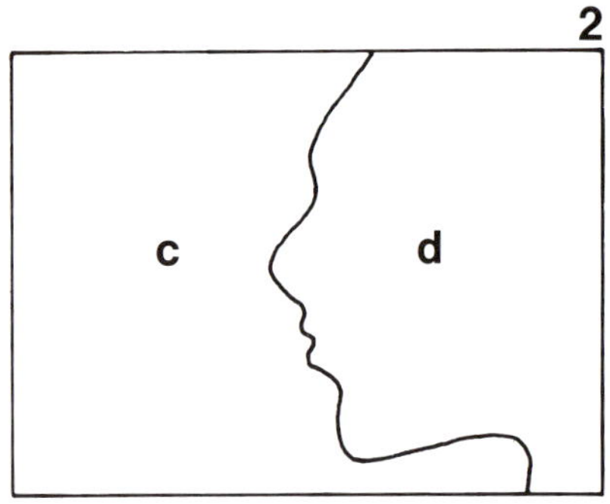

Negativform

Zeichnet man die Silhouette einer Figur auf einen leeren, gerahmten Untergrund, entsteht zwischen dieser Darstellung und der Bildaußenkante eine zweite Form. Die Figur sehen wir als positive Form, die sie umgebende Fläche als Raum. Beide Varianten von Form zu beachten ist beim Zeichnen gleich wichtig. Legt man das Verhältnis zwischen beiden Formen fest, muß man Positiv und Negativ so betrachten, als befänden sie sich auf derselben Ebene und als seien sie nichtplastische Flächen, die von Kontur und Farbton eingegrenzt sind, aber keine Tiefe besitzen.

Paradoxerweise bestimmt die Beschaffenheit der Formen auf dieser »flachen« Ebene ihren Platz und Maßstab im Raum. Sich während der verschiedenen Stadien des Zeichnens alles »flach« vorzustellen ist ganz wichtig, wenn es darum geht, die Beziehung zwischen Gegenständen und Figur zueinander und zwischen Abschnitten der Figur und dem ganzen Bild festzulegen. Bei der stehenden Gestalt mit der Hand auf der Hüfte beispielsweise trägt der Raum zwischen Arm und Rumpf dazu bei, die beiden Teile ins richtige Verhältnis zueinander zu setzen. Bei einer sitzenden Gestalt auf einem Stuhl muß man die Flächen zwischen den Beinen des Modells und den Stuhlbeinen festhalten, damit die Beine des Sitzenden auch zusammen passen.

Die dritte Dimension

Umriß und Silhouette bzw. Positiv- und Negativform allein reichen – wie Abb. 3 zeigt – zur Entstehung der dreidimensionalen Darstellung eines Gegenstandes nicht aus. Durch perspektivische Darstellung ist die Form zwar als dreidimensional zu erkennen (Abb. 4), aber noch ist nicht klar, ob man von oben oder

Links: *Drei Einsatzmöglichkeiten für Negativform: 1. Beziehung zwischen Teilen ein und desselben Objektes (Beine, Arme und Kopf); 2. Beziehung zwischen verschiedenen Objekten wie Staffelei und Modell; 3. interessante bildnerische Beziehung zwischen den Hauptelementen und den Bildkanten.*

Rechts: *Einsatz der Negativform zur Andeutung von Maßstab wie hier zwischen den Figuren im Vorder- und Hintergrund.*

unten auf die Kästen sieht; Betont man nun die am nächsten gelegenen Ebenen beispielsweise durch einen dickeren Strich wie in Abb. 5, ist zu erkennen, daß die Kästen von unten gesehen werden. Betrachten Sie zwei der Kästen genauer, können Sie feststellen, daß die Linien der zurückweichenden Seiten an einem imaginären Punkt zusammenlaufen, also nicht genau parallel sind (Abb. 6). Das Ganze nennt sich Perspektive und beseitigt – korrekt gezeichnet – sämtliche Unklarheiten.

Beim Zeichnen von Kopf und Schultern wie in Abb. 7 tut man gut daran, sich dieser Kastenkonstruktion zu erinnern. In dieser Skizze sind die Kästen darübergelegt, um zu demonstrieren, wo die wichtigsten »Ekken« liegen oder sich Ebenen merklich verschieben. Die menschliche Gestalt besitzt keine scharfen Ecken und Kanten; deshalb muß man innerhalb dieser gedachten geometrischen Form arbeiten und das plastische Erscheinungsbild durch Schattierungen oder Konturen herausmodellieren.

3

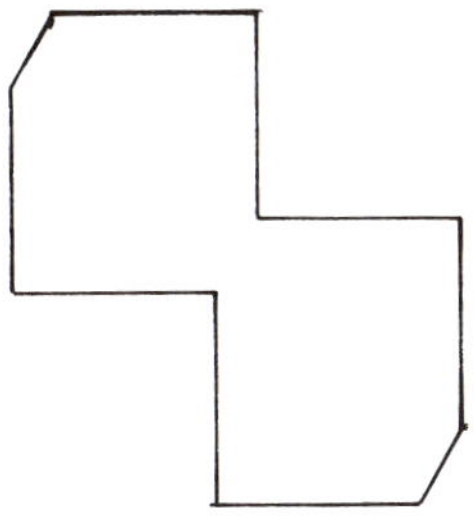

4

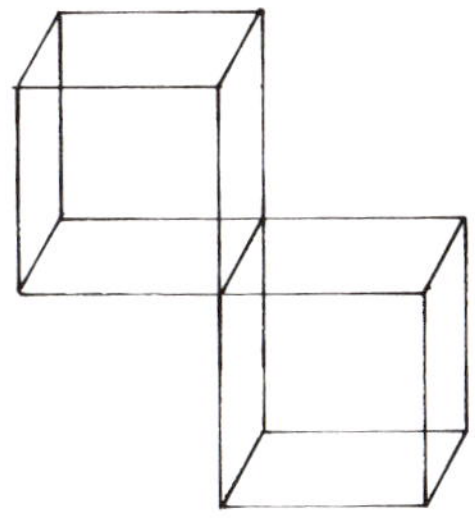

5

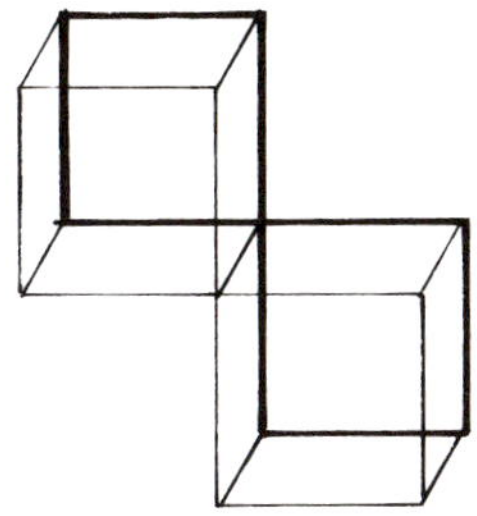

6

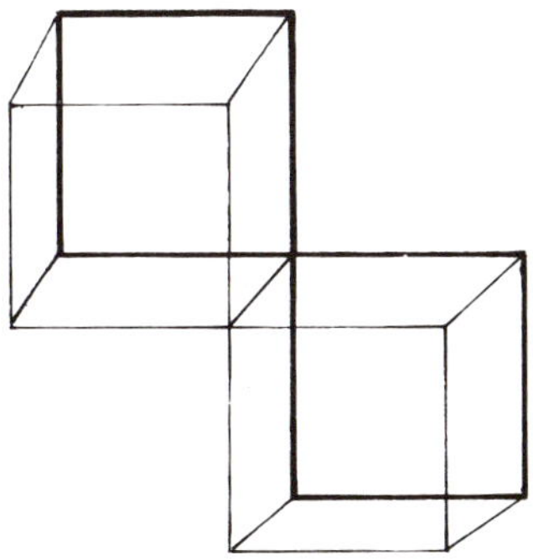

7

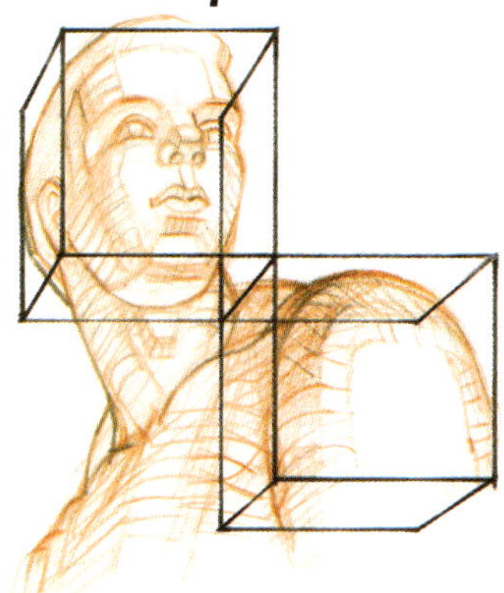

Bewegung aufgliedern

Selbst in einem statischen Motiv wie einem Stilleben kann genausoviel Bewegung stecken wie in der Darstellung eines galoppierenden Pferdes. Wahre bildnerische Bewegung beruht auf dem Wechselspiel von Tendenzlinien, die zwischen exponierten Punkten verlaufen und Winkel und Rundungen andeuten. Diese Linien können tatsächlich vorhanden oder gedacht sein, und zwar bei der sitzenden oder stehenden Figur ebenso wie bei Gestalten, die laufen oder gehen.

Es ergibt sich immer wieder eine andere Komposition aus der Beziehung zwischen diesen Haupttendenzlinien der Figur und dem Hintergrund, wenn wir auf der Suche nach einer passenden Zeichenposition um das Modell herumgehen. Fügen sich diese Linien schon nicht zu einem starken, spannungsgeladenen Entwurf zusammen, fehlt es der fertigen Figur später trotz aller Details an Lebendigkeit.

Bewegungsrichtung ermitteln

Achten Sie – ehe Sie sich mit Details beschäftigen – immer auf die Grundrichtung der Körperstellung, die sich aus Rumpf, Kopf und Gliedern ergibt. Eine dürftige Komposition wird auch durch die sorgfältigste Ausarbeitung nicht überzeugender.

Die Bewegungsrichtung in einer menschlichen Gestalt ist nicht notwendigerweise an den Umrissen zu erkennen, sondern häufig eine Frage von gedachten Linien oder axialen Verschiebungen des Skeletts, die durch das Zentrum der äußeren Formen laufen. Durch die Hilfslinien entsteht der wichtige »Druck-und-Zug«-Effekt der in den Raum gestellten Formen. Häufig beginnen und enden diese Linien an den Gelenkverbindungen des Skeletts.

Zunächst muß man zwar ein intuitives Gespür für die Bewegungsrichtung haben, kann aber später das Ganze mit Bleistift und Senkblei wie bereits beschrieben auf Exaktheit überprüfen. Werden durch Verlängerung dieser horizontalen, vertikalen und diagonalen Hilfslinien Punkte miteinander verbunden, entstehen Bezugslinien, auf denen sich die ganze Figur aufbauen läßt. So kann man zum Beispiel bei einer stehenden Figur mit Hilfe einer Lotlinie vom Kopf bis zu den Fußgelenken andere Bewegungsrichtungen leichter festlegen.

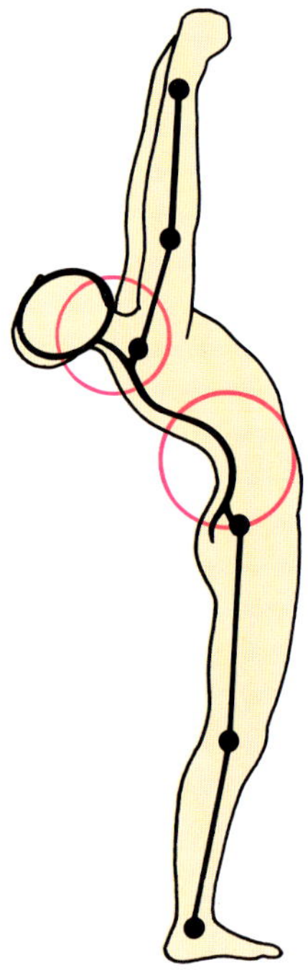

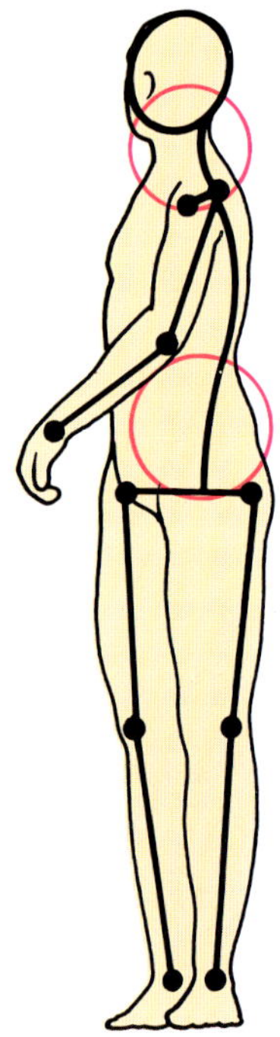

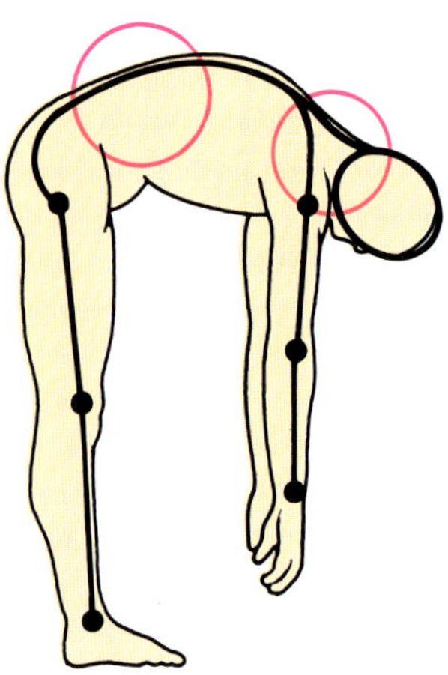

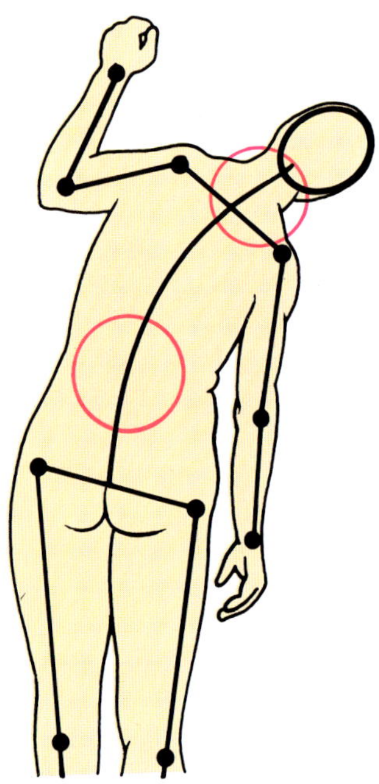

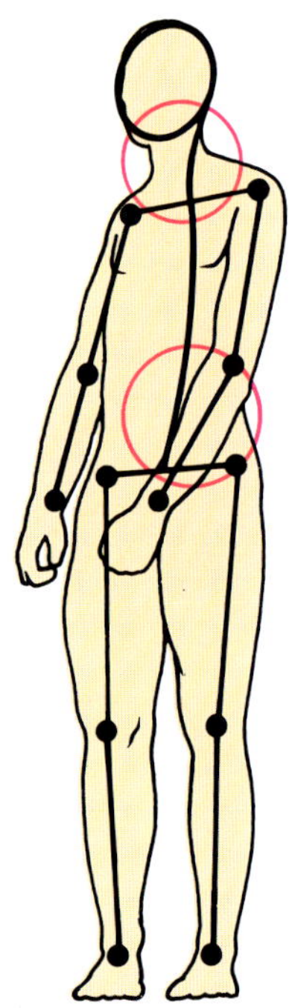

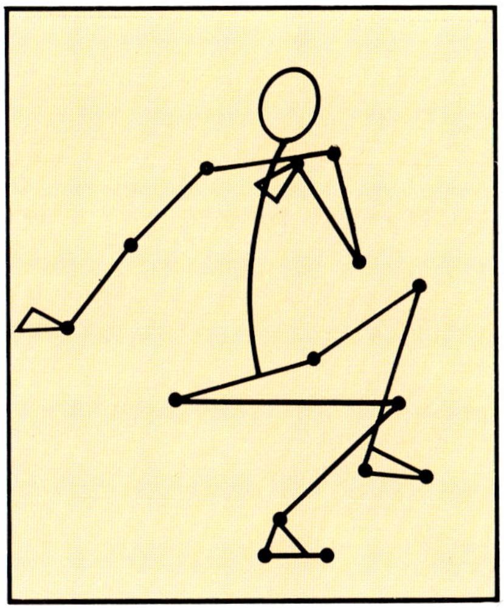

Links: *Die roten Kreise deuten die Wirbelsäulenbereiche an, aus denen beim Drehen und Beugen vorwiegend die Bewegung kommt.*

Oben: *Strichdiagramm des Skeletts, das die Grundstellung der Gestalt andeutet. Zeichnen Sie die übrigen Richtungslinien in ihrer Beziehung zueinander ein (rechts), und entwickeln Sie so daraus die Figur.*

Unten: *Die Kreise zeigen den Sitz der Gelenke und das Ausmaß der Bewegung, deren sie fähig sind.*

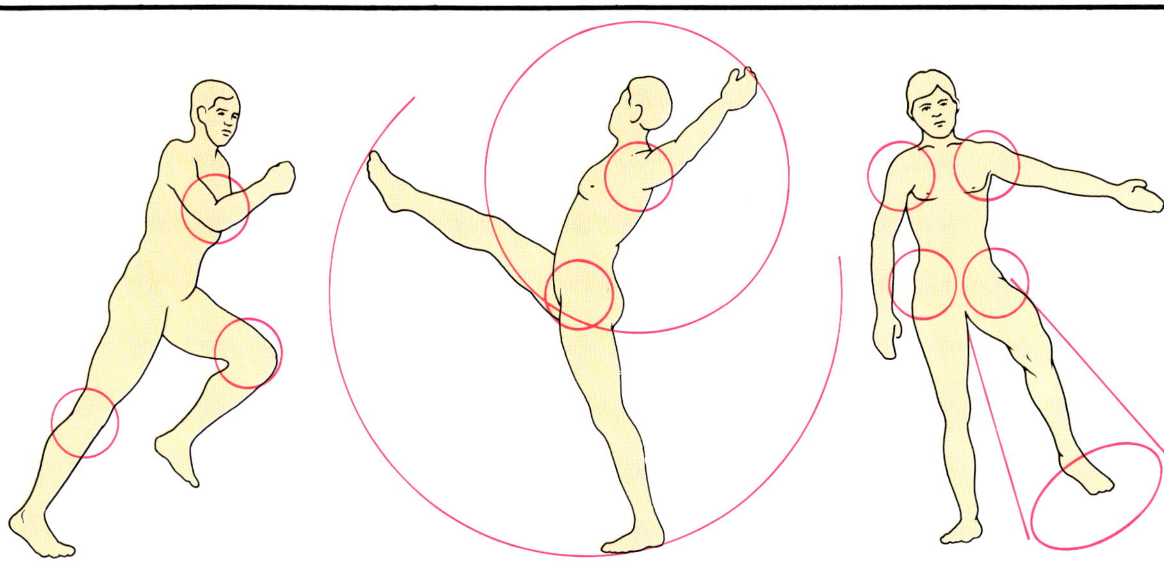

Figuren aufbauen

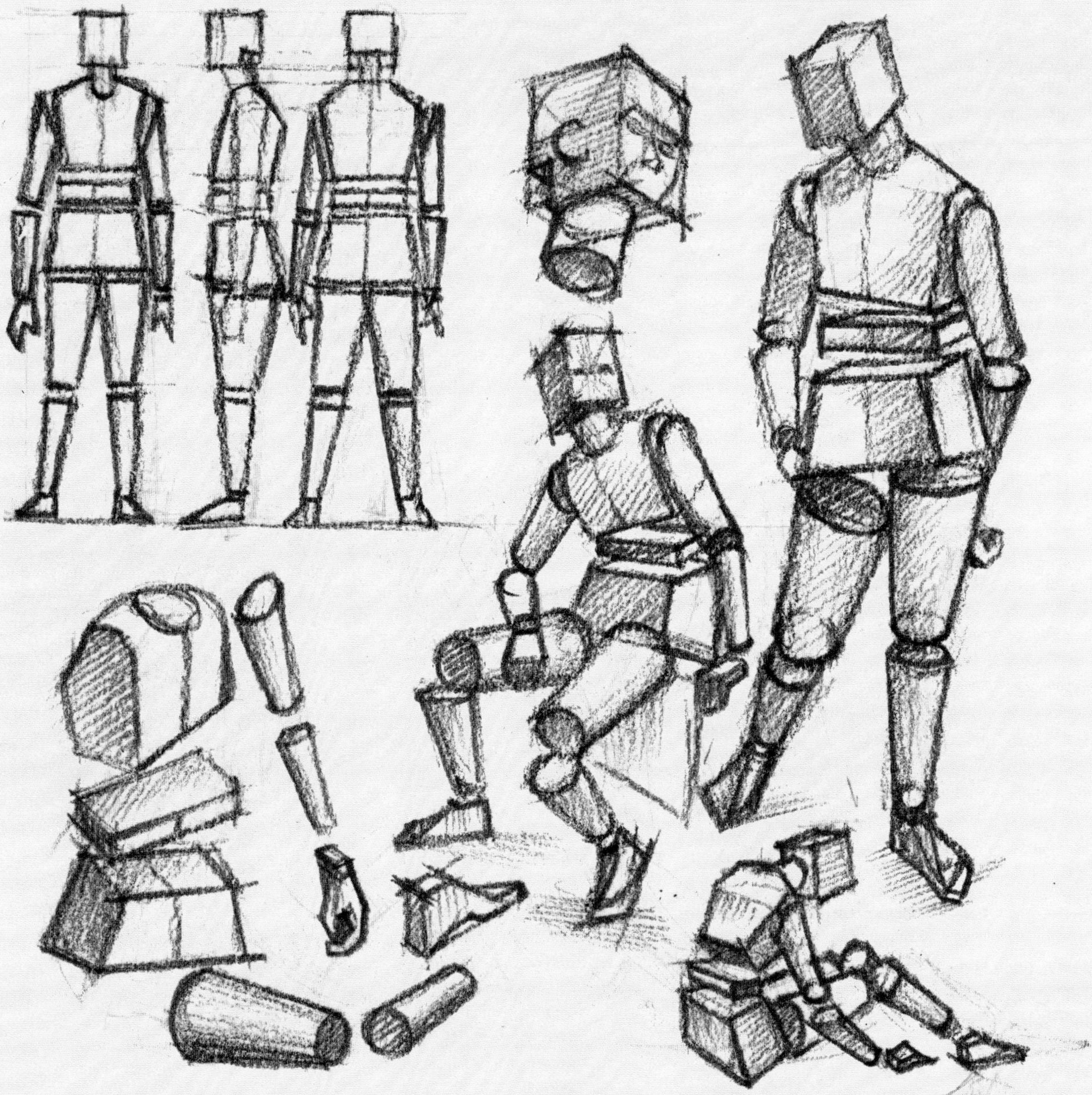

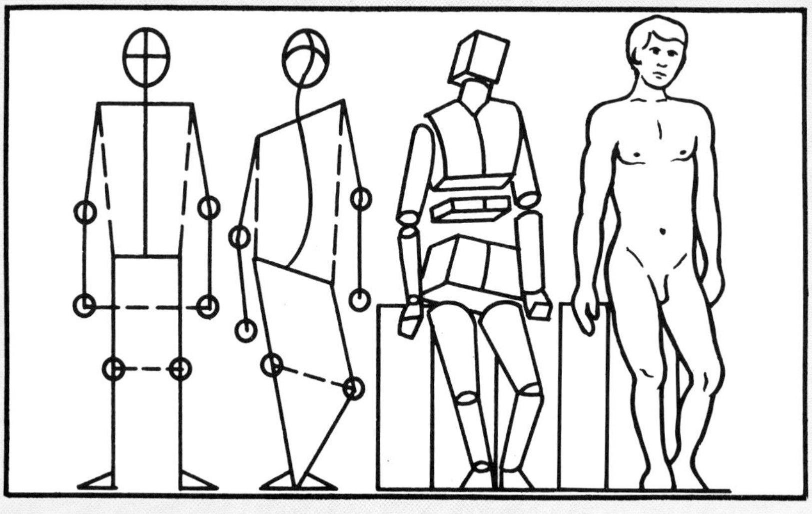

Ehe eine Figur im Detail ausgearbeitet werden kann, muß man lernen, sie sich als Konglomerat aus Hilfskörpern vorzustellen, die sich mit- und zueinander bewegen können. Diese Hilfskörper sind einfache, auf den geometrischen Formen von Kubus, Zylinder und Kugel aufbauende Blöcke. Von jeher haben Künstler die Figur in ihrer Grundkonzeption nach diesem Prinzip angelegt.

Die wichtigsten Blöcke bzw. Massen sind Brustkorb und Beckengürtel; sie sind für Haltung und Richtung jener Hilfskörper verantwortlich, die Kopf, Hals und Glieder darstellen. Es empfiehlt sich, Beugestellung und

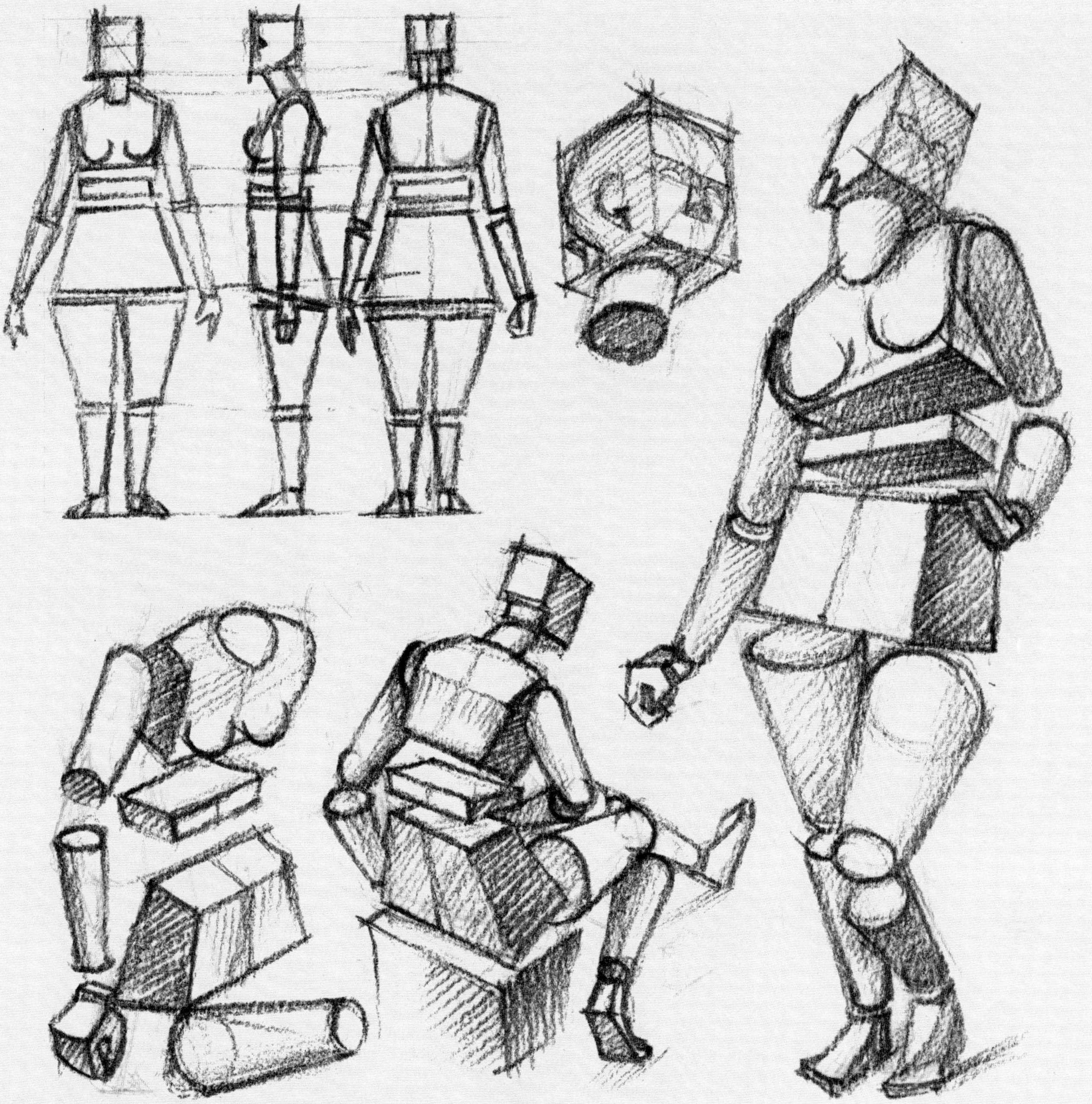

Drehbewegung dieser Blöcke wieder und wieder zu zeichnen und dabei auch die Abbildungen auf der vorangehenden Seite im Auge zu behalten. Auf diese Weise zeigt sich die Figur von Anfang an als etwas Körperhaftes. Sich die menschliche Gestalt in Form von Hilfskörpern vorzustellen ist eine unschätzbare Hilfe, wenn es darum geht, Phantasiefiguren von wechselnden Augenhöhen und Blickwinkeln her aufzubauen.

Wie sich auf diesen Seiten zeigt, existieren zwischen männlicher und weiblicher Gestalt deutliche Proportionsunterschiede im Hinblick auf Größe, Breite und Körpermasse.

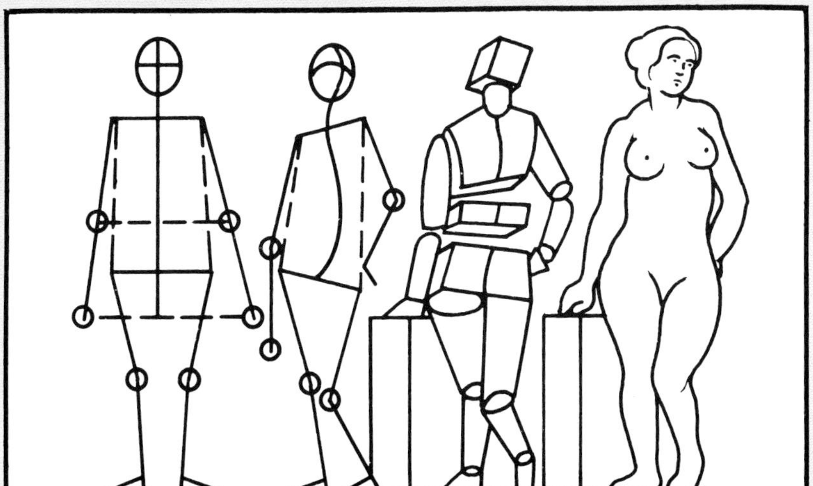

Kontur und Hilfslinie

Zeichnet man eine Scheibe von oben gesehen, entsteht wie in Abb. 1 ein Kreis, betrachtet man sie jedoch von der Seite aus unterschiedlichen Augenhöhen, verändert sie sich zu Ellipsen (Abb. 2). Wenn Sie nun den dem Auge am nächsten gelegenen Teil des Randes verstärken, läßt sich leichter feststellen, ob sich diese Scheibe über oder unter Augenhöhe befindet.

Kompakte Form herausarbeiten

Beim Herausarbeiten von kompakten Formen müssen die Striche mehr zum Ausdruck bringen als nur Umrisse. Die Projektion der Ellipsen auf den Kreis macht deutlich, daß körperhafte Form sich aus horizontalen und vertikalen Schnitten durch den Kreis aufbaut (Abb. 3).

Stellen Sie sich den Umriß eines Schnittes durch den menschlichen Schädel vor, d.h. praktisch den Schattenriß an einer Wand (Abb. 4). Drehen Sie nun – diesen Längsschnitt immer vor Augen – diesen Kopf bis in Halbprofilstellung (Abb. 5), wobei die Kante des gedachten Schnittes eine Linie bildet, die entlang der Gesichtsmitte über den Kopf und auf der gegenüberliegenden Seite wieder hinunterläuft. Was Sie nun sehen, ist die Form des Kopfes perspektivisch gesehen. Diese Linie, besonders den Teil, der die Wölbung der Gesichtsform nachzeichnet, nennt man Kontur.

Schnitte kann man sich auch auf Horizontalebene vorstellen (Abb. 6 und 7); es ist nämlich ausgesprochen wichtig, sich der Form als Ganzes bewußt zu sein und sich nicht auf den sichtbaren Teil zu beschränken. Diese Methode des Horizontalschnittes trägt dazu bei, ein Gefühl für die gesamte Körperform zu entwickeln und sie dementsprechend akkurat mit Hilfe eines Netzes von Konturlinien darzustellen. Selbst wenn Sie nur von einem einzigen Blickwinkel aus zeichnen, müssen Sie das Modell von anderen Seiten aus betrachten, um die Körperform »rundherum« zu erfassen.

1

2

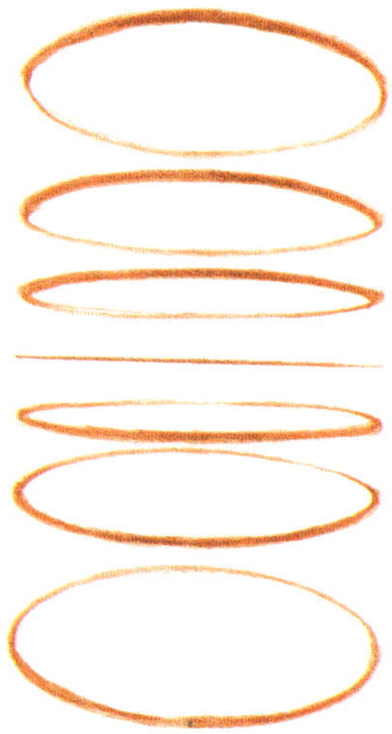

3

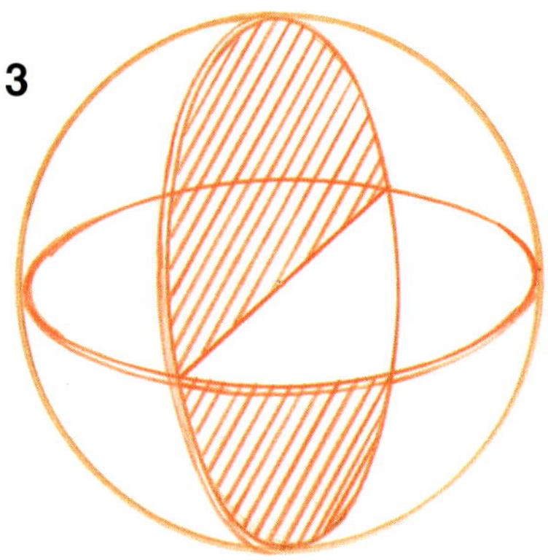

4

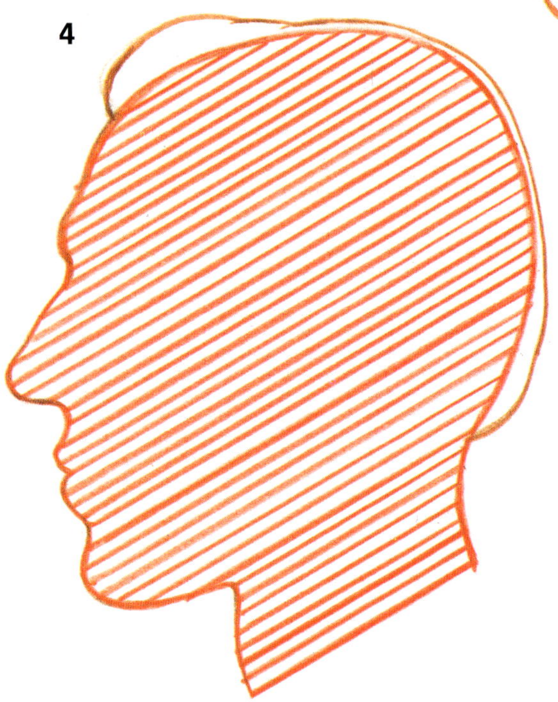

5

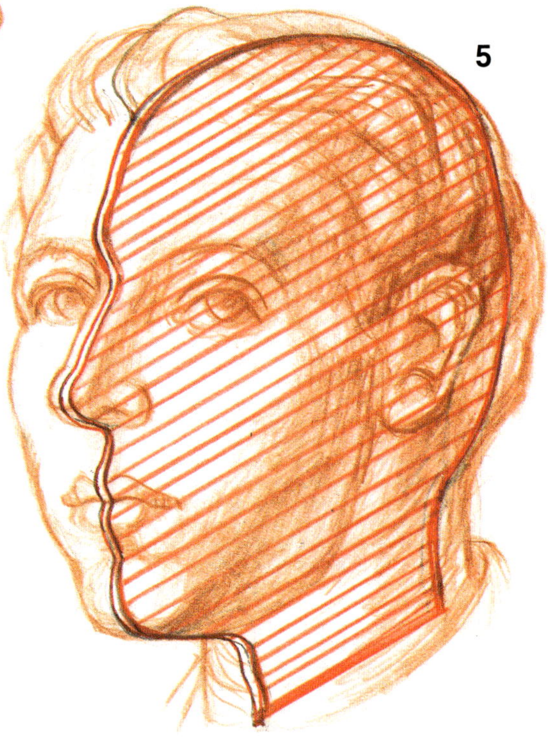

6

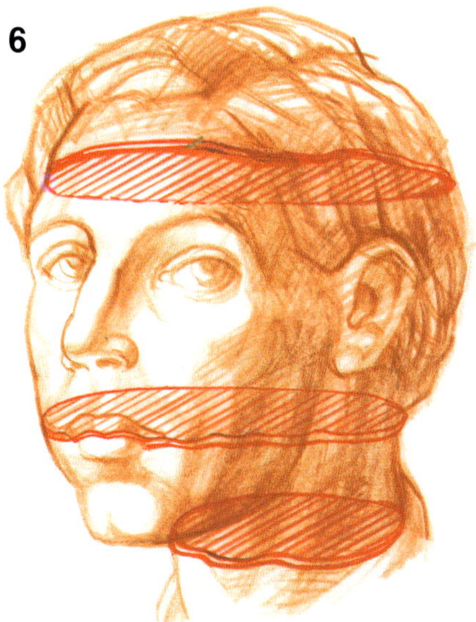

7

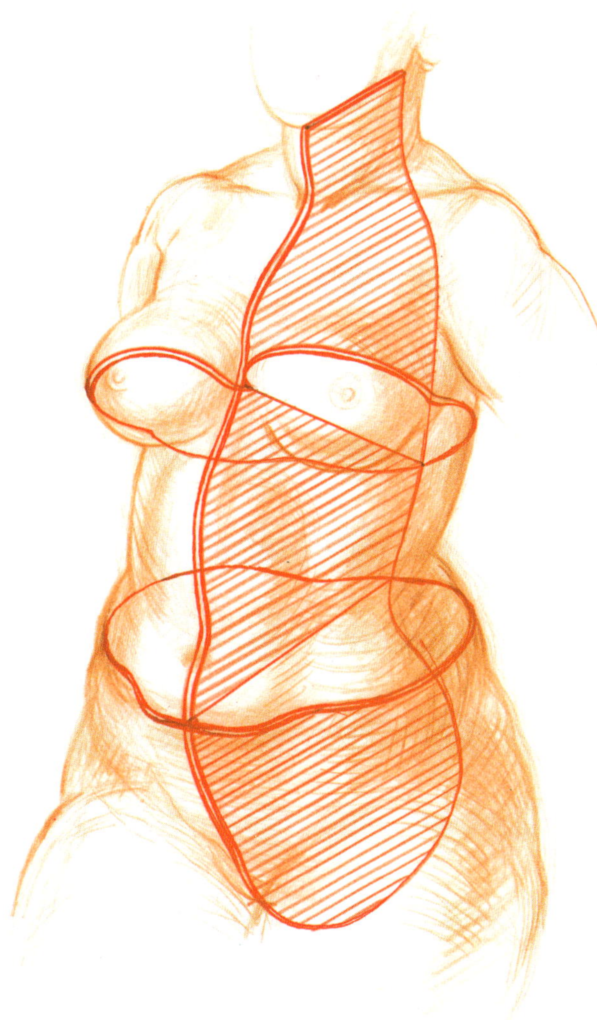

Symmetrie in der Darstellung

Bei symmetrischen Formen wie dem menschlichen Kopf verläuft die Umrißlinie eines Backenknochens oder einer Schläfe von der Perspektive her dem Gegenüber genau entgegengesetzt, d.h. das Pendant muß nun – wenn auch nicht scharf umrissen erkennbar – konturhaft angedeutet werden. Selbst wenn dieses Gegenstück nicht genau dargestellt wird, muß man es sich an der richtigen Stelle vorstellen können. Diese exakte Plazierung gilt für Augenwinkel, Nasenlöcher und Mund (Abb. 8). Wichtig hierfür ist eine gedachte, über Kopf und Gesicht

8

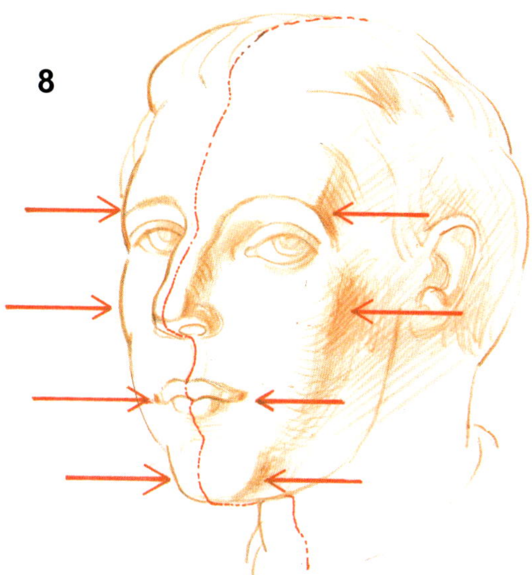

9

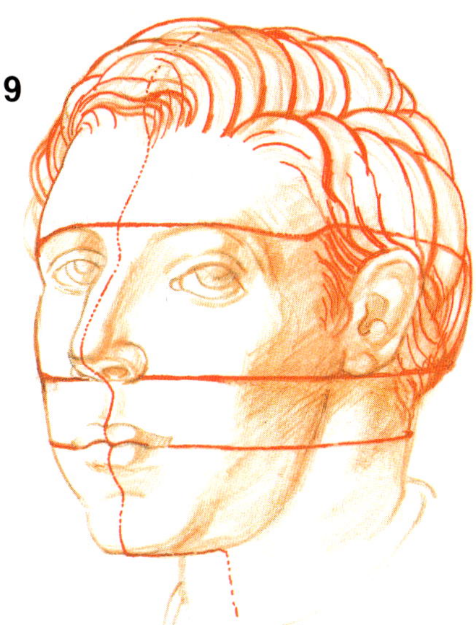

verlaufende Mittellinie, und eine Reihe von Horizontallinien ist sehr hilfreich. Bei Strichzeichnungen können Sie grob die Form des Haarwuchses bzw. der Frisur als Konturlinien für den Kopf mit einbeziehen (s. Abb. 9 auf S. 109).

Konturen und Maße

Betrachtet man eine zylindrische Form wie in Abb. 1, sollten die senkrechten Umrisse jene Punkte auf beiden Seiten erkennen lassen, an denen die gekrümmte Oberfläche hinter der Masse verschwindet. Diese Punkte treten deutlich zutage, wenn man Ellipsen einzeichnet sowie die Sehlinien, die vom Auge zur äußersten Zylinderkante laufen.

Liegt nun die Augenhöhe genau in der Mitte zwischen oben und unten (Abb. 2), lassen sich die Zylinderenden nur durch gekrümmte Linien darstellen; sie deuten die obere und untere Vorderkante des Zylinders bis zu jenem Punkt an, an dem die Krümmung aus dem Blickfeld verschwindet. Sie müssen daher genau darauf achten, wo diese Krümmung sich zeigt. Wie naturgetreu Umriß und Konturlinie wirken hängt von der Genauigkeit ab, mit der Sie die »Drehung« der Form an der Ihnen am nächsten gelegenen Stelle beachten. Man sollte das Gefühl haben, daß sich die Rundung außerhalb des Blickfeldes fortsetzt.

Die menschliche Gestalt erfassen

Körpermasse ist selten, wenn überhaupt, absolut kreisrund oder zylindrisch. Die Formen reichen von fast kantig über eiförmig bis nahezu rund. Nehmen Sie beispielsweise Ihr Handgelenk – Sie spüren, daß es abgeflacht, fast kantig ist im Vergleich zum runderen, eiförmigen Volumen des Unterarms. Kreisrunde Konturlinien sind also da fehl am Platze, wo sie nicht einer charakteristischen Form entsprechen.

1

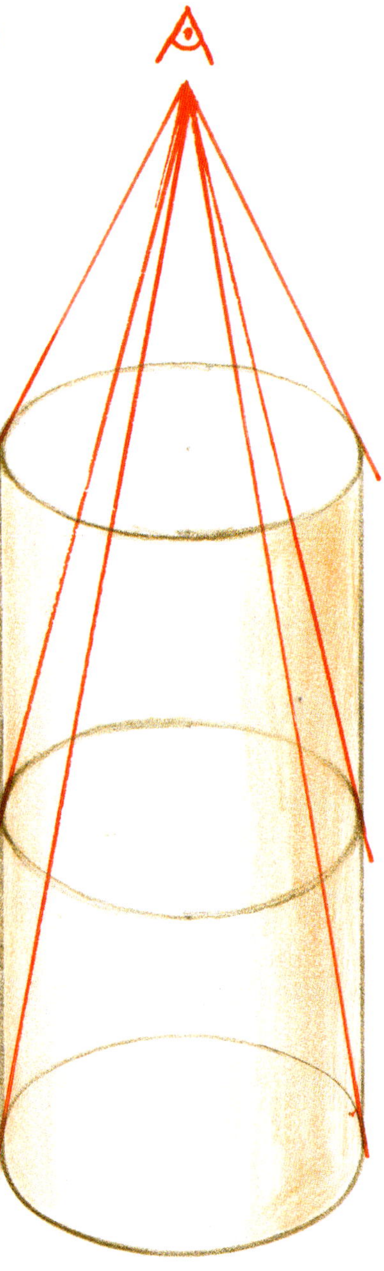

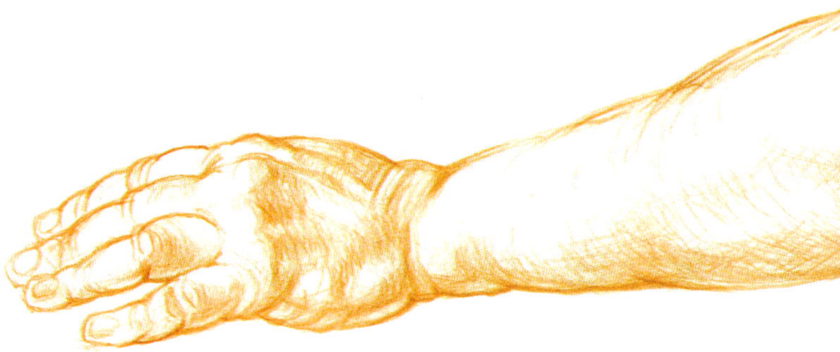

2

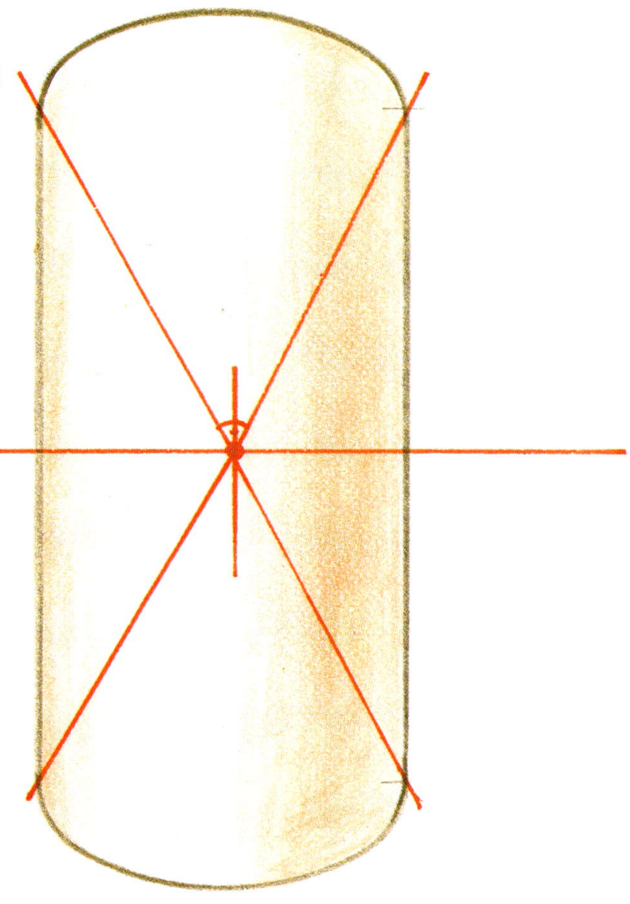

4

3

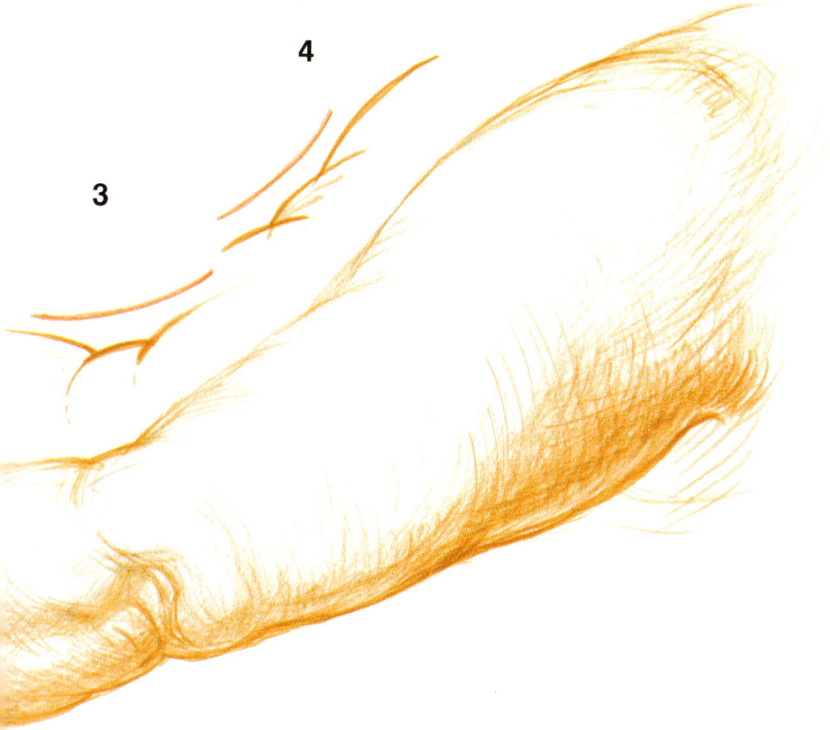

Die Einzelformen der Figur überschneiden einander, sie legen sich um den Knochen und sind von Natur aus konvex, selbst wenn sie – wie bei Finger und Zehen – klein sind. Was häufig an der Silhouette als konkav erscheint, erweist sich bei genauerer Betrachtung als eine Reihe unauffälliger, sich überlappender konvexer Formen (Abb. 3, 4 und 5).

Gut gezeichnete Konturen überschneiden einander beim plastischen Ausarbeiten und vermitteln den Eindruck, als setzten sie sich um die Figur herum fort. Die Kontur geht vom Umriß aus, verläuft aber – wenn auch noch so zart – nach innen in Richtung Form und folgt den Rundungen des Körpers. Runzeln und Falten sind natürliche Konturlinien, die zwar modellieren, für sich allein aber selten ausreichen.

Die Technik, durch die Form erkennbar wird, ist zweitrangig im Vergleich zu dem, was ausgedrückt werden soll, d.h. die Bewegungsrichtung des Körperteils in Relation zum Künstler oder zu anderen Formen und seine physische Beschaffenheit.

Die Konturen, aus denen sich die Richtung der Form um die Achse eines Gliedes oder des Rumpfes ergibt sowie ihre räumliche Richtung im Verhältnis zum Künstler sind mit der Darstellungsweise der Form an sich verknüpft.

5

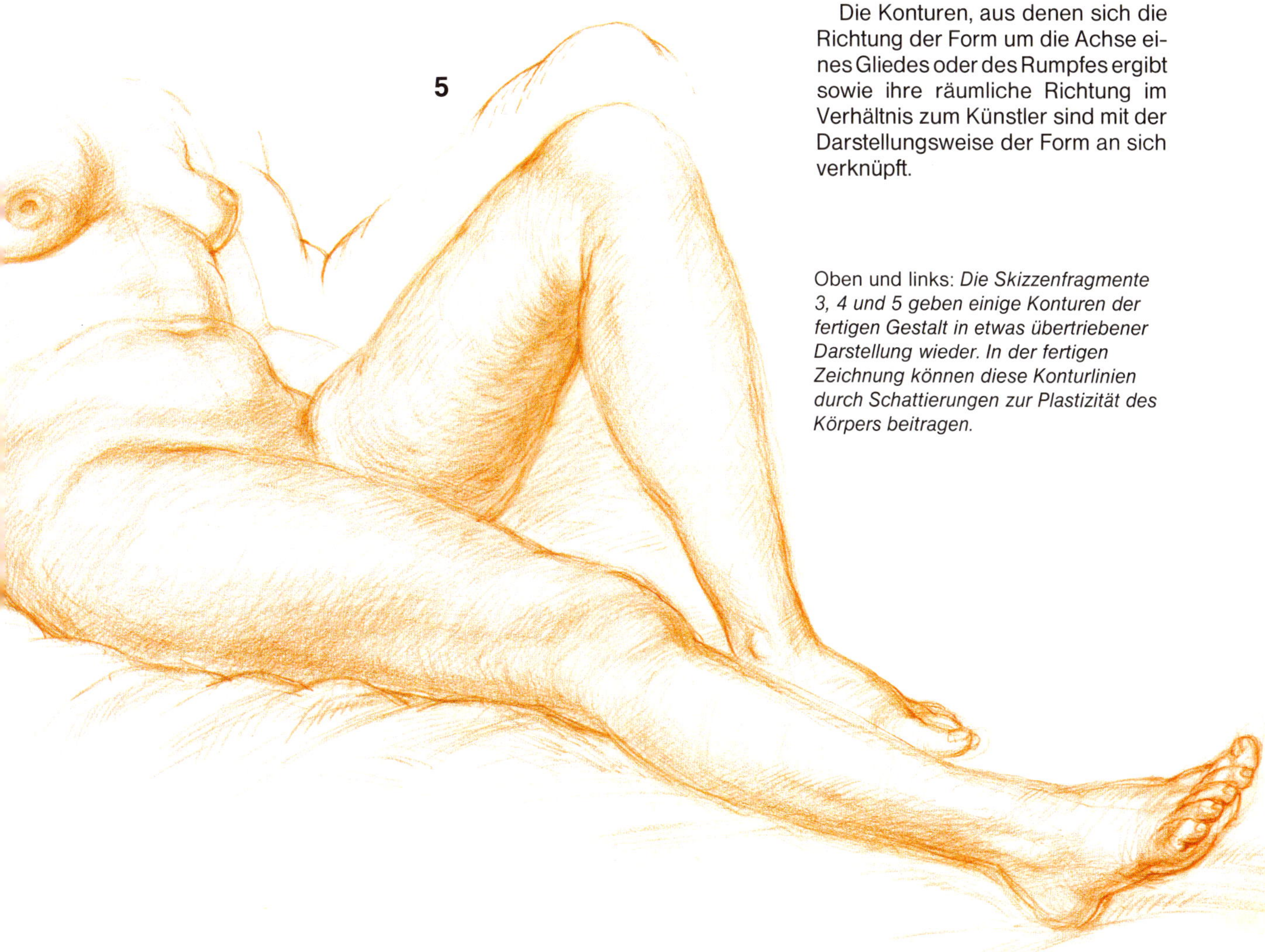

Oben und links: *Die Skizzenfragmente 3, 4 und 5 geben einige Konturen der fertigen Gestalt in etwas übertriebener Darstellung wieder. In der fertigen Zeichnung können diese Konturlinien durch Schattierungen zur Plastizität des Körpers beitragen.*

1

Konturzeichnung

Die Hauptrichtung der Körpermassen in der unten abgebildeten Zeichnung ist anhand der nebenstehenden Diagramme von Schnitten durch die Form aufgezeigt. Viele Formen bleiben durch vorgelagerte Körperabschnitte dem Blick teilweise verborgen. Stellen Sie sich also vor, daß die Konturen sich nach hinten fortsetzen und von jenen im Vordergrund überlappt werden – genauso wie bei der weit entfernten Hügelkette in einer Landschaft (Abb. 1 und 2). Auf diese Weise können Sie die menschliche Gestalt ähnlich dem Gelände draußen in der Natur sehen.

Bei Konturen, die Rundungen und Krümmungen zum Ausdruck bringen, muß der Lichteinfall und damit die hellen und dunklen Flächen der Form berücksichtigt werden. Die Strichführung wird um so dunkler, je

Links: *In einer Landschaft werden die kräftigen, massiven Formen von Felsen, Hügeln und Wolken durch überlappende Konturen nachgezeichnet.*

Unten: *In Wirklichkeit sind die Konturen der nackten Figur viel weicher als in der Skizze rechts.*

weiter sie sich von der Lichtquelle entfernt; reine Tonflächen sollte man aber nur mit Zeichenkohle, Kreide oder Farbe anlegen. Bei der Konturzeichnung wählt man aus der Skala von Abstufungen nur jene aus, die zur plastischen Darstellung von Rundung und Form vonnöten sind. Sehr häufig findet sich der dunkelste Ton nicht bei der eigentlichen Umrißlinie, sondern dort, wo die Frontebene in eine seitliche übergeht.

Konturzeichnung kann sich zu einer ausgesprochen individuellen Sprache entwickeln, die von Künstler zu Künstler verschieden ist. Die Linien eines Dürer-Stiches beispielsweise sind völlig andersartig als die Strichführung in den Federzeichnungen von Rubens, Michelangelo oder Raffael. Es lohnt sich, einige dieser Werke detailgetreu zu kopieren, um dahinterzukommen, wie der Künstler Strich und Linie für seine Zwecke einsetzte.

2

Rechts oben: *Wie die Formen einer Landschaft läßt sich auch die menschliche Gestalt durch einander überschneidende Konturen darstellen.*

Unten: *Schnitte mit Konturlinien und Achsenverlauf durch mehrere Körperpartien der Zeichnung links.*

Rechts: *Durch Schnitte kommt der Unterschied zwischen Umriß und Kontur zutage. Abbildung a sagt nichts über Körper oder Richtung der Flasche aus, während das Etikett in Abbildung b als Kontur wirkt und Aufschluß über Schnitt und Richtung gibt.*

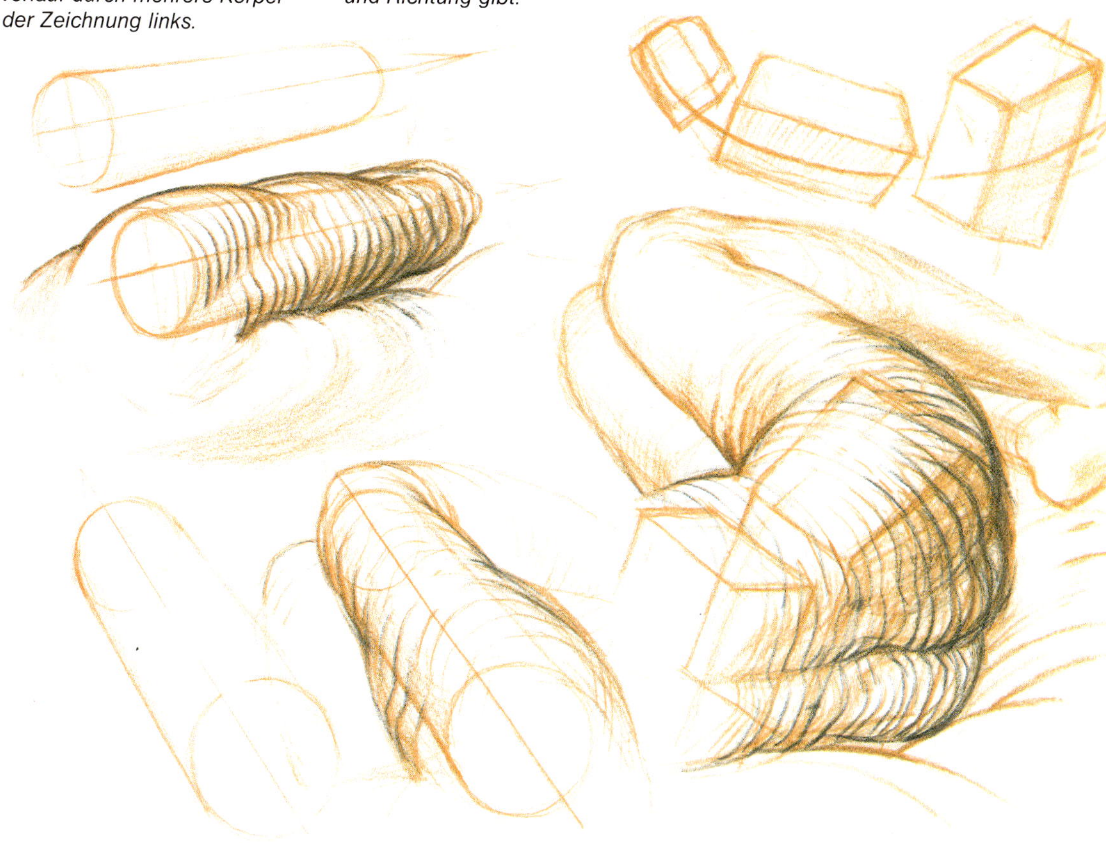

Proportionen

Wer die Menschen seiner Umgebung betrachtet, erkennt vielerlei Unterschiede in den Proportionen der Gestalten; und diese Vielfalt ist wichtig für denjenigen, der exakt zeichnen möchte. Es gibt allerdings eine weithin anerkannte »Norm«, d.h. ein Durchschnittsbild, an dem Abweichungen wie »fett« oder »mager« gemessen werden. Diese Norm gilt allerdings nur als eine Art Richtschnur, an die sich der Künstler aber bei der Festlegung der jeweiligen Figur halten kann.

Die Zeichnungen auf dieser Seite zeigen, wie sich die menschliche Figur mit Kreis und Dreieck umschreiben läßt. Deutlich wird dies, wenn Sie die Gestalt von einem verzerrungsfreien Blickpunkt aus betrachten.

Von zahlreichen Blickwinkeln aus ist jedoch eine Verkürzung von Kopf, Rumpf oder Gliedern notwendig, und die tatsächlich wahrgenommenen Körperproportionen verändern sich grundlegend. Vergessen Sie trotzdem nie, daß Sie eine normale menschliche Figur zeichnen und diese Verzerrungen keineswegs

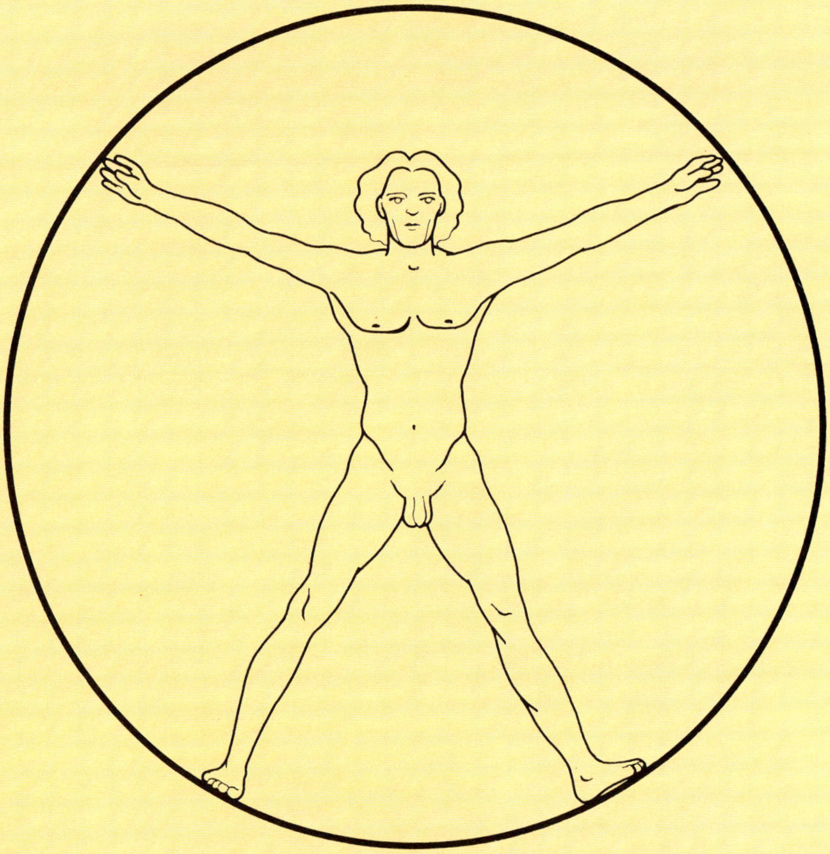

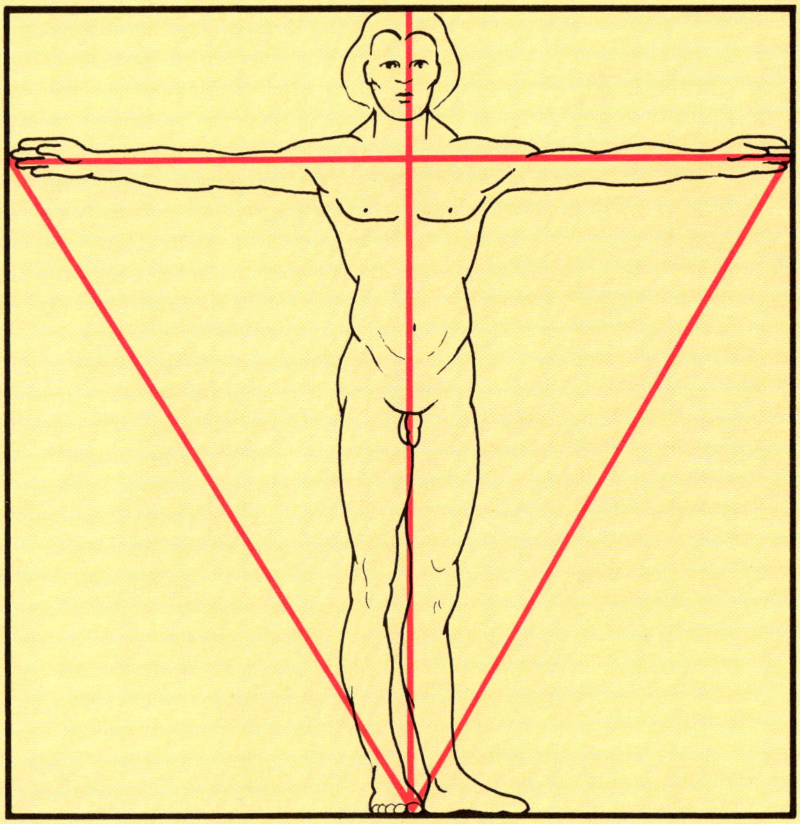

Oben und links: *Die beiden schematischen Darstellungen lehnen sich an Leonardo da Vincis Studien zur Proportion an und stellen Ideale dar, die man als Verschmelzung zahlreicher unterschiedlicher Proportionen ansehen könnte. Sie eignen sich als Ausgangspunkt für die Beobachtung der vielfältigen, individuellen Unterschiede in der menschlichen Gestalt.*

etwas mit Deformierung zu tun haben.

Proportionen des Kopfes

Die Seitenansicht des Kopfes bildet – von der Schädeldecke bis zum Kinn und von der Nasenspitze bis zum Hinterkopf gerechnet – grob genommen ein Quadrat, und die Kopfbreite paßt in etwa eineinhalbmal in die Kopfhöhe hinein. Das Haar darüber zählt als zusätzliche Schicht oder Masse.

Bei der Darstellung des Kopfes – selbst des weniger kantigen weiblichen – sollte zu erkennen sein, daß er mehrere Ebenen besitzt – eine frontale und eine seitliche, dazu obere, untere und rückwärtige Ebene. Zeichnen Sie eine senkrechte Mittellinie ein und für die Gesichtszüge horizontale Hilfslinien im Abstand von je einem Drittel der Gesamthöhe: die erste auf Augenbrauenhöhe und die zweite in Höhe der Nasenbasis.

Die Oberkanten der Ohren verlaufen auf einer Linie mit den Augenbrauen, ihre Unterkanten auf der Ebene der Nasenlöcher. Auf halber Höhe zwischen Kinn und Nase befindet sich der Mund, und die Augen stehen eine Augenbreite weit auseinander. Diese Proportionen gelten für den »normalen« Erwachsenen. Kinder besitzen im Verhältnis zu ihrem Kopf ein kleineres Gesicht.

Rechts: *An diesen Skizzen ist zu erkennen, wie Perspektive unsere optische Vorstellung eines Kastens und einer Figur verändert und in welcher Weise sie bei der Darstellung von Gegenständen hilft, die entweder verkürzt oder dem Betrachter mit dem Ende zugekehrt sind.*

Unten: *Bei der Darstellung eines Gesichts oder eines Kopfes muß man zunächst die wichtigsten Proportionen festlegen, d.h. die Breite und die Höhe, die dann – wie hier gezeigt – unterteilt werden können. In dieser Skizze teilen die wichtigen Partien das Gesicht in Drittel auf, aber je nach Blickpunkt verändern sich die Proportionen.*

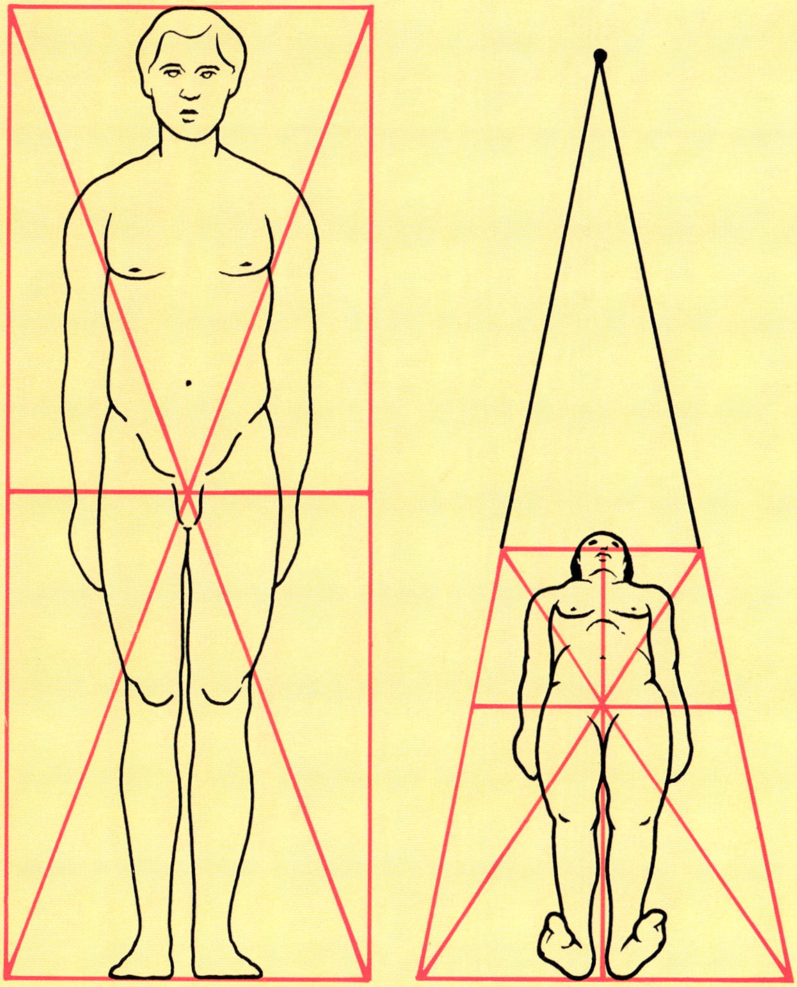

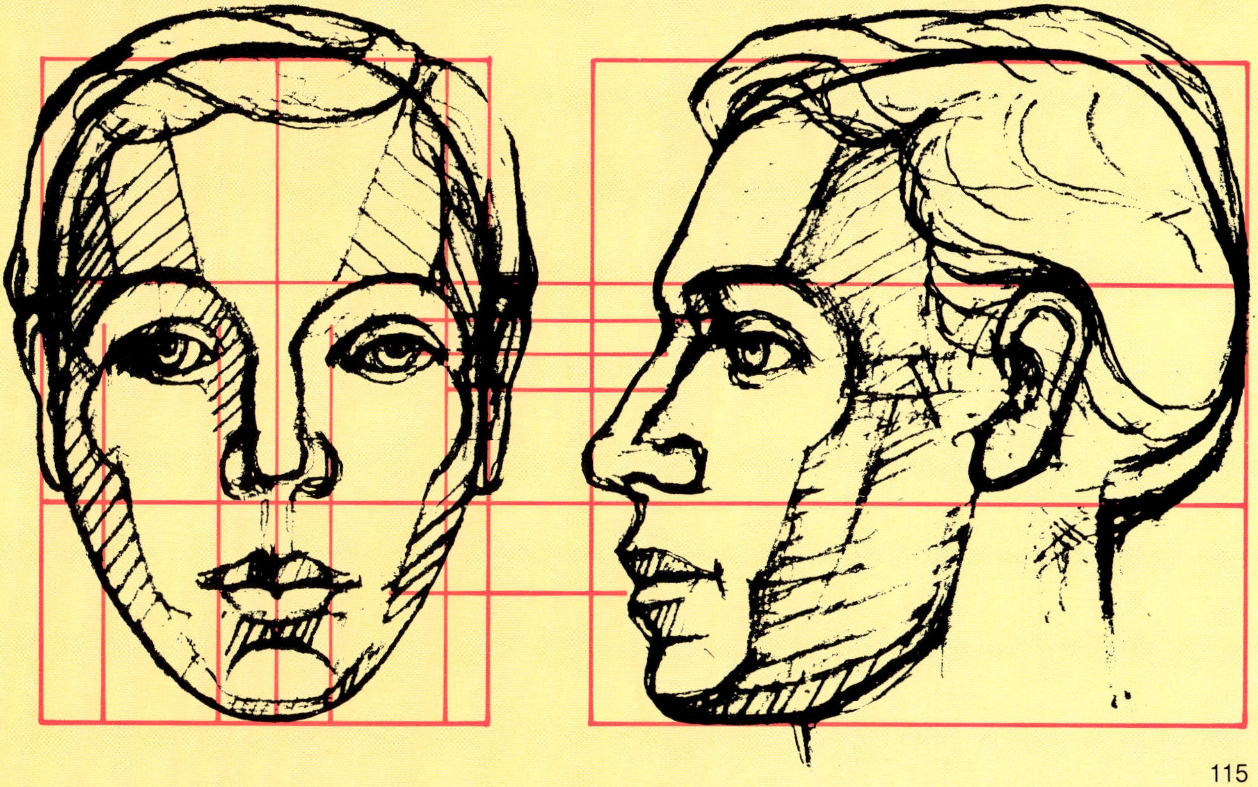

Detailarbeit

Die Masse bzw. Blockform von Händen und Füßen wird durch den Knochenbau bestimmt.

Hände

Bei der Hand sind – mit Ausnahme der abgerundeten Daumen- und Handballen – die Ebenen kantig und klar umrissen, und Sie sollten durch Hilfslinien die wichtigsten Punkte festlegen.

Die blockähnliche Form des Unterarms ist mit den Handwurzel- und Mittelhandknochen verbunden, die ihrerseits einen wichtigen Abschnitt mit klar erkennbarer Ebene bilden, nämlich den großflächigen, leicht konvexen Handrücken. Eine kleine Ebene verläuft an der Handaußenseite hinunter bis zum ersten Gelenk des kleinen Fingers, und an der Daumenseite befindet sich eine etwas größere, keilförmige Fläche.

Besonders wichtig sind die Knöchel, weil sie größere Veränderungen bei den Fingerebenen deutlich abgrenzen. Die Fingerknochen sind im Querschnitt fast quadratisch, insbesondere an den Knöcheln.

Unten: *Viele halten die Zeichnung einer Hand für sehr schwierig; vielleicht hilft es Ihnen, sie sich in einer Art Blockform vorzustellen.*

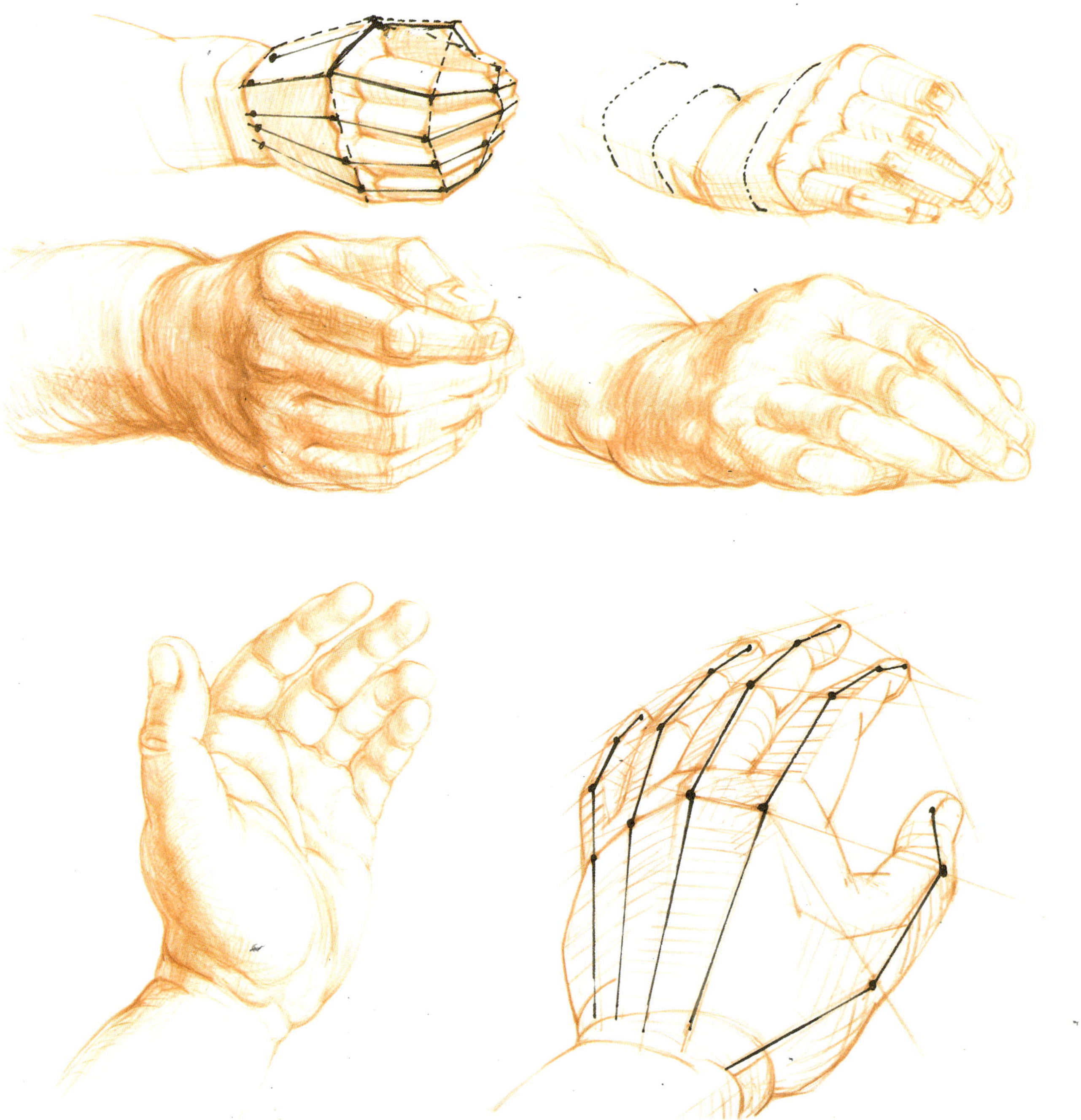

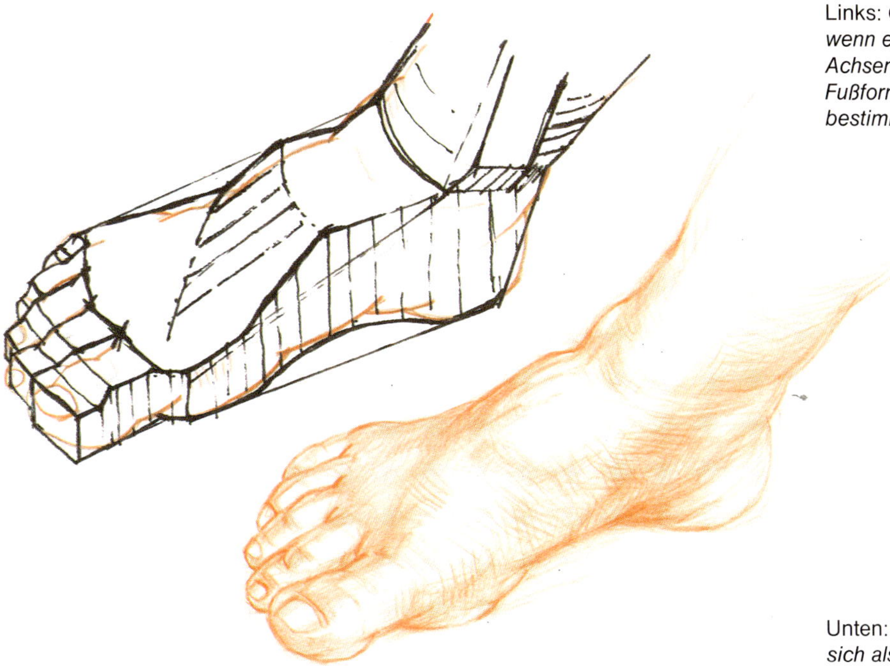

Links: *Orientieren Sie sich am Skelett, wenn es um die Festlegung der inneren Achsenrichtung der Knochen geht; die Fußform wird nämlich vom Knochenbau bestimmt.*

Unten: *Füße und Hände könnte man sich als »Miniaturlandschaften« aus Ebenen und Formen vorstellen. Aus der Blockform muß man dann nach und nach eine rundere und fließendere natürliche Linie herausarbeiten. Achten Sie auch auf die Form des ausgestreckten Fußes.*

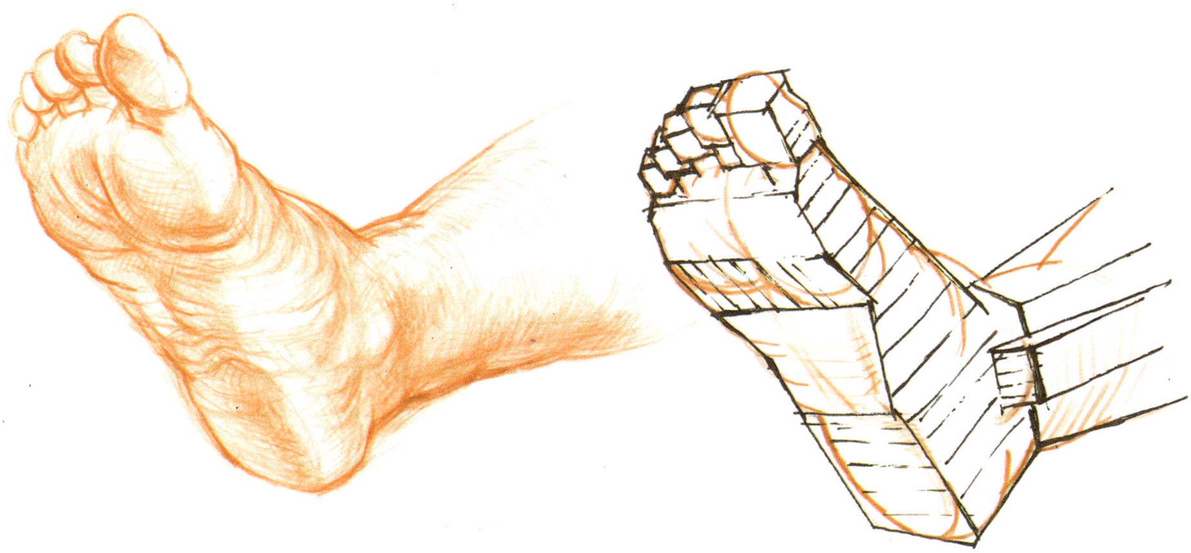

Füße

Auch bei der zeichnerischen Darstellung des Fußes hat die Knochenstruktur – wie bei der Hand – unübersehbaren Einfluß auf die Blockform. Im Gegensatz zum Handgelenk treffen die den Handwurzelknochen vergleichbaren Fußwurzelknochen im rechten Winkel auf den Fußknöchel, wo sie in ein Gelenk münden, das beachtliche Bewegungsfreiheit bietet. Der innere Fußknöchel liegt höher als der äußere und dies wirkt sich auf die Auswärts- und Abwärtsneigung der Fußoberseite in Richtung Zehen aus. Der hohe, zum großen Zeh hin verlaufende Rist markiert den Übergang von der oberen zur seitlichen Ebene.

Die Fläche an der Fußinnenseite wölbt sich auf zum Fußgewölbe, das sich von der fast quadratischen Fersenmasse bis zum Zehenballen erstreckt.

Die Zehen selbst sind kleinere, quadratähnliche Blöcke; sie beginnen mit dem großen Zeh und nehmen bis hin zum kleinen immer mehr an Masse ab. Dieser kleine Zeh markiert auch – ähnlich wie der kleine Finger der Hand – das Ende der schrägen oder äußeren Ebene des Fußes. Legen Sie auch in diesem Fall die wichtigsten Punkte mit Hilfslinien fest, und behalten Sie immer im Auge, daß sich der Fuß – genauso wie die Hand – beugen und strecken läßt.

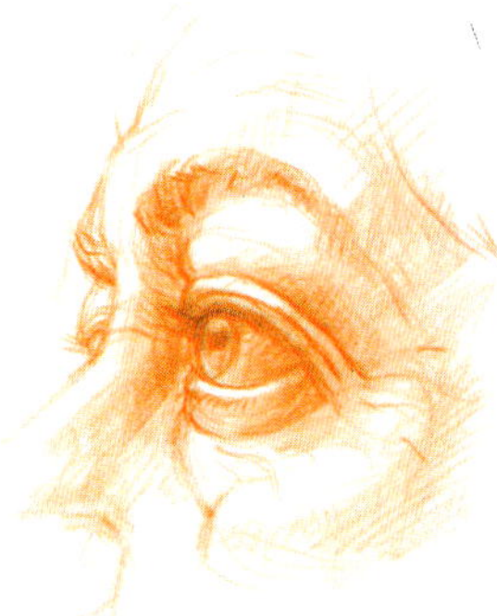

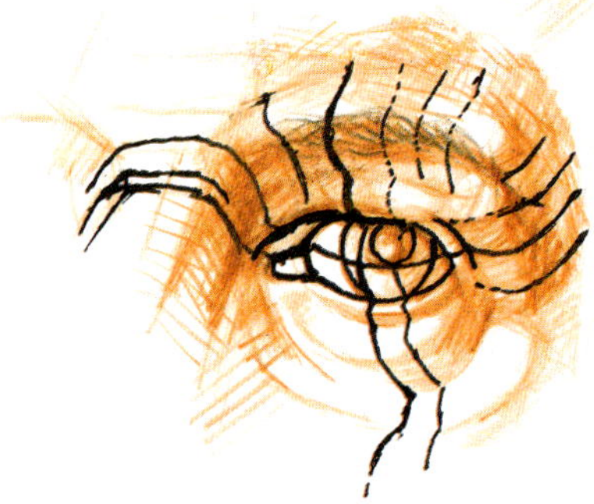

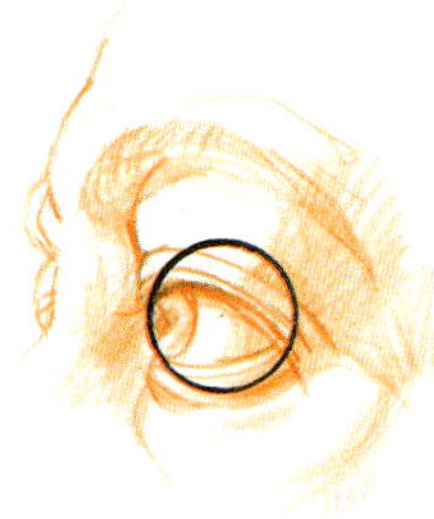

Gesichtszüge sind zwar nicht großflächig, aber dennoch sehr wichtig, und wer die Ebenen berücksichtigt, tut sich beim Zeichnen leichter. Hier sehen Sie einige Detailstudien, aber Sie müssen immer an das Verhältnis der Gesichtszüge zum gesamten Kopf denken.

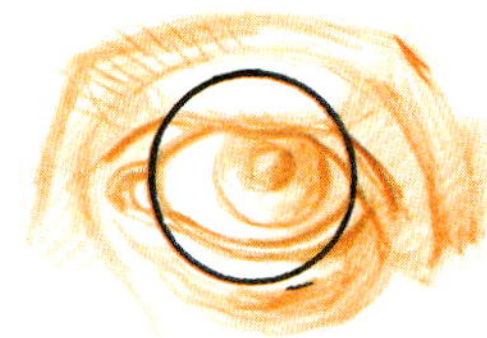

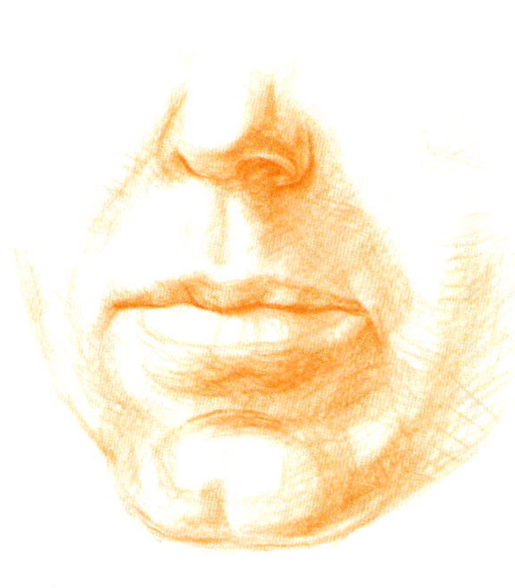

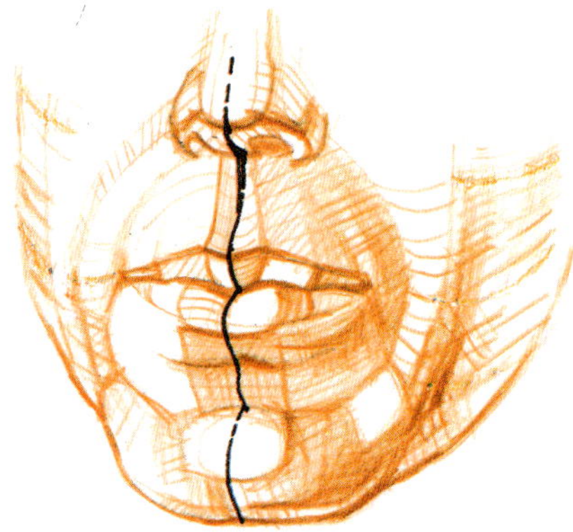

Augen

Das Auge ist ein kugelförmiger Körper, der in einer Knochenvertiefung bzw. -höhle des Gesichtes sitzt. Der Anfang der oberen Augenhöhlenebene ist durch die Augenbrauen gekennzeichnet, und die innere Ebene stellt eine Fortsetzung der oberen Nasenebene dar. Seitliche und untere Ebenen ergeben sich aus den vorspringenden Teilen der Backenknochen. Das Oberlid bewegt sich nach unten und oben über den Augapfel, während das untere nahezu regungslos bleibt.

Lippen

Wie weit die Lippen über die Frontebene des Gesichts hinaustreten, hängt bis zu einem gewissen Grad von der Krümmung des Gebisses ab. Ausgangspunkt der Oberlippe ist eine kleine Furche oder keilförmige Vertiefung unterhalb der Nase, von der aus sich verjüngende Ebenen zu den Mundwinkeln führen. Die Unterlippe tritt über einer Fläche hervor, die zur Rundung des Kinns zurückweicht; diese Fläche teilt sich in zwei gerundete Formen, die in einer angedeuteten Vertiefung zusammentreffen. In den meisten Fällen ist die Unterlippe voller als die Oberlippe.

Nase

Die Nase ragt keilförmig aus der frontalen Ebene des Gesichtes heraus. Die vordere Nasenebene beginnt unmittelbar unter der Stirn und trennt die beiden Augenhöhlen voneinander. Der obere Nasenbereich ist schmal und knochig, der untere, aus Knorpelgewebe, bildet die Nasenspitze zwischen den Nasenlöchern. Diese wiederum sind zwar gewölbt, liegen aber an den beiden keilförmigen, seitlichen Ebenen an und bilden an der Basis eine gerade Fläche.

Ohren

Ohren besitzen eine gewisse Tendenz, sich nach innen und unten zu neigen – parallel zu den Wangen – und lassen sich von oben nach unten in Drittel aufteilen. In der Mitte liegt die Öffnung zum Gehörgang, darunter das Ohrläppchen und darüber der einwärts gerollte Rand (Ohrkrempe).
Diese Formen sind zwar klein, aber ausgesprochen plastisch. Von hinten betrachtet gleicht das Ohr einer abgeflachten Trompete. Ohren und Nase liegen auf einer Höhe und besitzen dieselbe Tiefe.

Haar

Wichtig ist, das Haar gleichfalls als Masse mit einzubeziehen. Trotz seiner Weichheit und der Tatsache, daß es aus einzelnen Strähnen besteht, sollten Sie sich das Haar als zusätzliche Schicht über dem Schädel vorstellen. Manchmal liegt es ganz dicht am Kopf an und betont seine Form, ein andermal strebt es seitlich vom Kopf weg und bildet eigene Blockformen. Die lineare Bewegung, die sich aus der Wuchsrichtung der Haare innerhalb der Masse ergibt, kann mithelfen, die Form zu bestimmen.

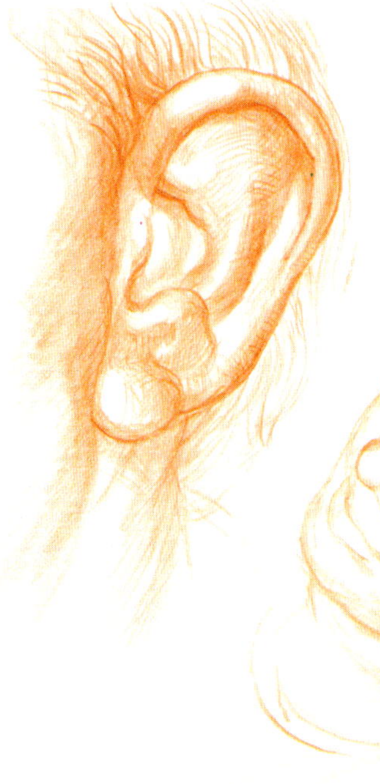

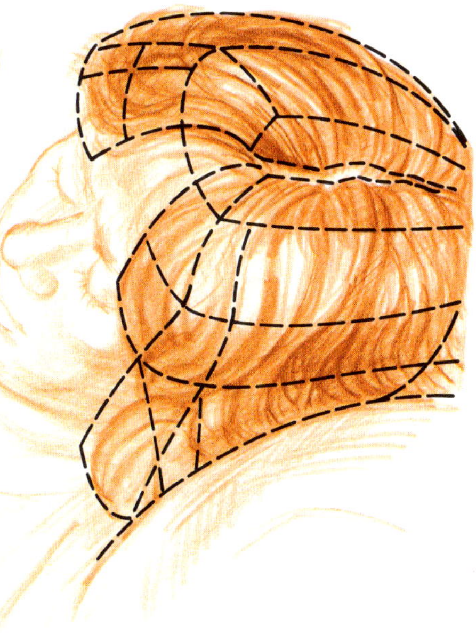

Oben: *Die gestrichelten Linien über der Nase umreißen die keilförmige Grundstruktur, auf der die weicheren Formen aufbauen.*

Rechts: *Vermeiden Sie bei der Darstellung des Haares oberflächliches Kopieren jedes Details; zeichnen Sie vielmehr mit Hilfe der Ebenen seinen natürlichen Fall und seine Bewegung nach.*

Arbeit nach dem lebenden Modell

Die Zeichnungen auf dieser und den nächsten Seiten befassen sich im einzelnen mit einer Reihe der bisher angesprochenen Faktoren.

Abb. 1 zeigt Stellung und Bewegungsrichtung des Achsen-Skelett-Gefüges der menschlichen Gestalt. Auf diesem Gerüst baut alles übrige auf.

In Abb. 2 sehen Sie den Aufbau der Figur in einer Anordnung von Hilfskörpern. Die Gesetze der Perspektive fallen dabei stark ins Gewicht und müssen berücksichtigt werden.

Einander überlappende Konturen, die der Figur plastische Form verleihen und sie aus einer strengen, zweidimensionalen Silhouette herauslösen, sind in Abb. 3 dargestellt.

Abb. 4 schließlich zeigt die Hell- und Dunkelflächen auf, die die Form körperhaft erscheinen lassen und zu einer interessanten Komposition beitragen.

Auch die Darstellung des Kopfes in der großen Zeichnung geht auf einige bereits erwähnte Punkte ein:

a) Die Augenhöhe des Künstlers lag niedriger als die des Modells. Dieser Blickwinkel mußte deutlich werden, wobei die Perspektive wiederum eine wichtige Rolle spielt.

b) Durch die niedrige Augenhöhe veränderten sich die Proportionen des Kopfes. Der Zeichner mußte also darauf achten, den Kopf normal und nicht verzerrt erscheinen zu lassen.

c) Der Lichteinfall von rechts vorn läßt durch Hell-Dunkel-Flächen die Übergänge zwischen den einzelnen Ebenen zutage treten. Geringfügige Verschiebungen in den Ebenen sind durch Halbtöne und Lichtreflexe dargestellt.

d) Das Haar wird als eine sich über den Schädel breitende Masse behandelt. Mit wenigen Strichen wird die Wuchsrichtung angedeutet.

Die Details der Gesichtszüge sind gleichfalls zunächst in Blockformen angelegt, die genauso beleuchtet sind wie die darunterliegende Ebene.

1

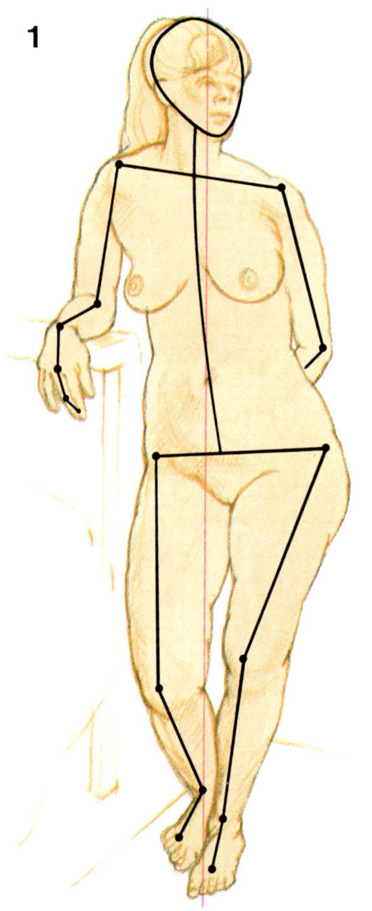

Oben: *In dieser Skizze ist die Richtung in einer Linie zusammengefaßt. Beachten Sie die entgegengesetzten Winkel von Schultern und Becken und die Verkürzung des Unterarms. Die rot eingezeichnete Vertikale stellt die Schwerkraftlinie dar, an der sich die richtige Körperhaltung orientiert.*

Unten: *Das Diagramm illustriert keinen neuen Zeichenstil, sondern vielmehr eine Denkweise. Mit den dünn eingezeichneten Hilfskörpern können Sie sich vielleicht besser vorstellen, in welcher Weise ihre Richtung sich auf die Gesamtdarstellung auswirkt (s. auch S. 106 und 107). Zu beachten ist hier die sehr unterschiedliche Richtung von Kopf und Becken.*

2

3

Oben: *Beim Zeichnen der Konturen sollte man die Hell- und Dunkelflächen im Auge behalten. Dazu gehört auch die Beleuchtung des Hintergrundes und deren Wirkung auf die Gestalt. Je nach Lichteinfall werden die Konturen der Gestalt hervorgehoben oder liegen im Schatten. Der Hintergrund selbst braucht nicht klar ausgearbeitet zu werden.*

4

Nach den beiden Hilfsdiagrammen zur Zeichnung auf S. 122 ist der erste Arbeitsschritt eine Skizze, in der die Bewegungsrichtungen des Modells andeutungsweise festgelegt sind. Trotzdem brauchen Sie nicht unbedingt jedesmal erst eine Strichzeichnung anzufertigen und Tonflächen und Schattierungen später einzufügen. Treibende Kraft hinter Ihrem Wunsch, eine Zeichnung zuwege zu bringen, sollte Ihre gefühlsmäßige Reaktion auf das Motiv sein,

Oben: *Der Anteil von Licht und Schatten in einer Zeichnung hängt von der künstlerischen Vorstellung ab. In diesem Fall sollen vorwiegend die Formen der Gestalt herausgearbeitet werden.*

Rechts: *Hauptziel der Darstellung ist das Studium der menschlichen Gestalt, und deshalb ist bei der fertigen Zeichnung der Hintergrund nur andeutungsweise ausgestaltet; nur wenige Striche und Schattierungen geben Hinweise auf den Raum, in dem die Figur sich bewegt. In einer Zeichnung, in der man die Beleuchtung bewußt zur Hervorhebung des Motivs einsetzt, würde man auch den Hintergrund stärker betonen.*

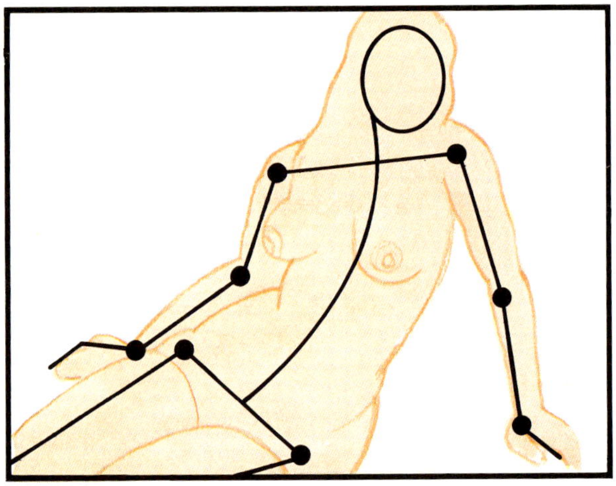

In der ersten Skizze sind die Skelettachsen in Form von Linien in die Silhouette der Figur eingezeichnet. Diese Linien bilden – wie bereits gezeigt – die Basis für das Figurenzeichnen und wurden hier zu Demonstrationszwecken betont dargestellt. Wenn Sie mit einer Zeichnung beginnen, sollten Sie zunächst nur leichte Striche machen und wo nötig Korrekturen vornehmen. Wenn die Proportionen in dieser Phase bereits stimmen, brauchen Sie sich später nur noch mit der plastischen Ausarbeitung der Form und dem Spiel von Licht und Schatten zu beschäftigen. Die zweite Skizze zeigt die logische Weiterführung zur Form. In Ihrer Zeichnung sollten Sie diese Hilfskörper ganz dünn über die zarten Linien der Skelettachsen legen. Dann folgt die Ausarbeitung bis zum unten wiedergegebenen fertigen Bild.

und diese Reaktion wird letztlich Ihre Arbeitsweise bestimmen.

In dieser mit Conté-Kreiden ausgeführten Zeichnung ergibt sich die kraftvolle Komposition aus den Winkeln und der Bewegungsrichtung. Die Massen standen in rhythmischem Wechselspiel zueinander, und die Kombination aus eckigen und zylindrischen Hilfskörpern klang in dieser Zeichnung noch in den Fingern an.

Die wichtigsten Hell-Dunkel-Flächen in dieser Studie eines Erwachsenen mit Kind wurden zunächst mit Zeichenkohle angelegt und fixiert. Die Ausarbeitung erfolgte mit Conté-Kreiden. Der Formgebung und Komposition der beiden Figuren wurde enorme Wichtigkeit beigemessen, und die Winkelstellung von Gliedern, Rumpf und Kopf sorgen für eine in sich geschlossene und dynamische Gestaltung. Vor der Detailarbeit an Kopf und Händen wurden die großen Flächen angelegt. Wichtig für die plastische Wirkung der Formen war der Lichteinfall, und wesentliche Elemente waren die charakteristischen Merkmale von erwachsenen und kindlichen Körperformen und -proportionen.

Deuten Sie zunächst die Bewegungsrichtung der Formen (allerdings schwächer als hier gezeigt) an, und zwar mit Zeichenkohle, die weich ist und sich mühelos entfernen läßt. Sobald die Proportionen stimmen, fangen Sie damit an, die Formen grob zu umreißen.
Mit den in der zweiten Skizze gezeigten Hilfskörpern tut man sich leichter, Proportionen und Gewicht der Figuren festzulegen. Zu breit angelegte Formen lassen die Figur zu massig wirken und müssen entsprechend geändert werden. Am besten geschieht das in dieser Phase, weil Korrekturen später schwieriger werden.
Nach und nach entwickeln Sie aus den Hilfskörpern Ihre Figuren, deren allgemein menschliche Formen bald individuelle Züge annehmen.
Arbeiten Sie die ganze Zeit über so allgemein wie möglich, und lassen Sie sich mit den Details Zeit, bis sich die Form als geschlossenes Ganzes herauskristallisiert hat. Eine großzügig angelegte Zeichnung, die Substanz und Gewicht zu haben und im Raum zu stehen scheint, ist wünschenswerter als eine detailliert ausgearbeitete, aber flach wirkende Studie. Scheuen Sie sich nicht, während der Arbeit Änderungen vorzunehmen, selbst wenn sie größere Partien betreffen. Fehler auszumerzen und sein Werk zu korrigieren wird oft mit mehr Lebendigkeit belohnt. Die besten Zeichnungen sind das Ergebnis eines fortwährenden Strebens nach Vervollkommnung.

Die bekleidete Figur

Ausschlaggebender Faktor beim Zeichnen der bekleideten Figur ist, daß sich unter der Kleidung ein kompakter Körper verbirgt. Reine Oberflächeneffekte kopieren und penibel Falten zeichnen heißt noch lange nicht, daß dadurch der erwünschte Eindruck entsteht. Sie müssen auf die Stellen achten, an denen die Kleidung aufliegt, wo sich also die darunter befindlichen Körperteile an der Oberfläche abzeichnen. Und hier ist es wirklich wichtig, daß Sie sich darauf verstehen, eine Figur aus Hilfskörpern aufzubauen.

Bei der stehenden Gestalt wird die Kleidung vorwiegend an Schultern und Hüften gehalten; beim Beugen und Sitzen sind es andere Körperstellen. Wie Falten wirklich aussehen, können Sie am besten an einem auf der Wäscheleine hängenden Tuch sehen; sie gehen strahlenförmig von den Haltepunkten aus.

In der Zeichnung der beiden sitzenden Personen (gegenüber) ist zu erkennen, wie die größeren Ebenen der Körperform das darüberliegende Erscheinungsbild der Kleidung beeinflussen und wie sich durch die Körperhaltung – beispielsweise durch den nach vorn gestreckten rechten Arm des Mannes und das abgewinkelte Bein – Falten bilden, die strahlenförmig vom Stützpunkt ausgehen. Sorgfältig beobachtet und gezeichnet tragen sie durch die Art, in der sie sich um die betreffende Körperstelle legen, zur plastischen Ausarbeitung der Formen bei.

Dank der Falten, die sich durch das Anpressen des linken Armes an den Oberkörper bilden, kommt die linke Schulter der Frau optisch besser heraus. Achten Sie auf die breiten Ebenen ihres Rückens unter dem Kleid und die großzügigen, von der oberen Ebene ihres Oberschenkels herabfallenden Falten.

Unten: *An diesen Gestalten ist deutlich zu sehen, wie die Kleidung auf den Körperformen aufliegt, und die hellen Flächen kennzeichnen die Stellen, an denen sie sich noch dichter anschmiegt – Schultern, Brust und Hüften. Bei der sitzenden Figur legt sich das Kleid zudem noch um den Oberschenkel. Beachten Sie auch, wie das Haar teilweise die Kopfform nachzeichnet – insbesondere im Scheitelbereich.*

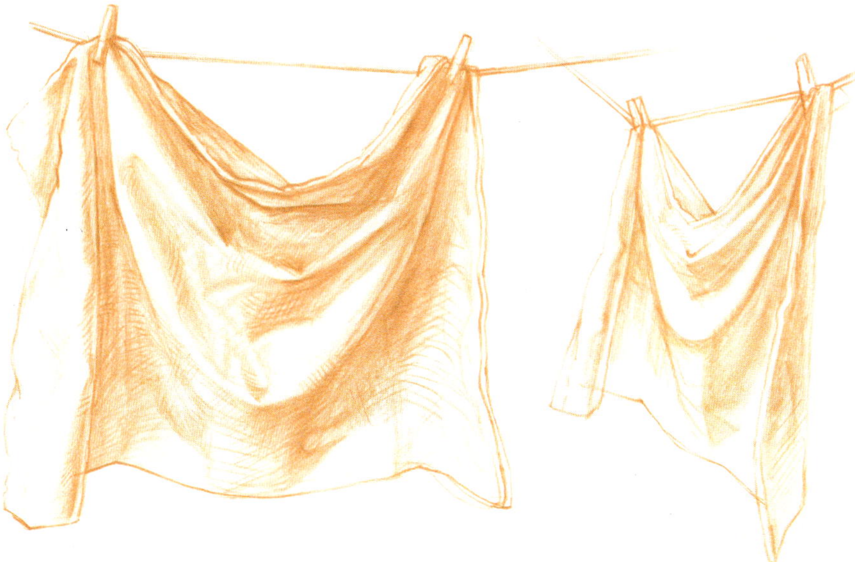

Links: *Falten sind durchaus von gestalterischer Bedeutung – das Tuch an der Wäscheleine, von vorn und aus perspektivischem Blickwinkel gesehen, beweist dies.*

Unten: *Auch hier ist deutlich zu sehen, an welchen Stellen die Kleidung aufliegt und wie die Falten die Form nachzeichnen. Die durch den nach vorn ausgestreckten Arm des Mannes entstehende Anspannung ist durch die Falten zu erkennen.*

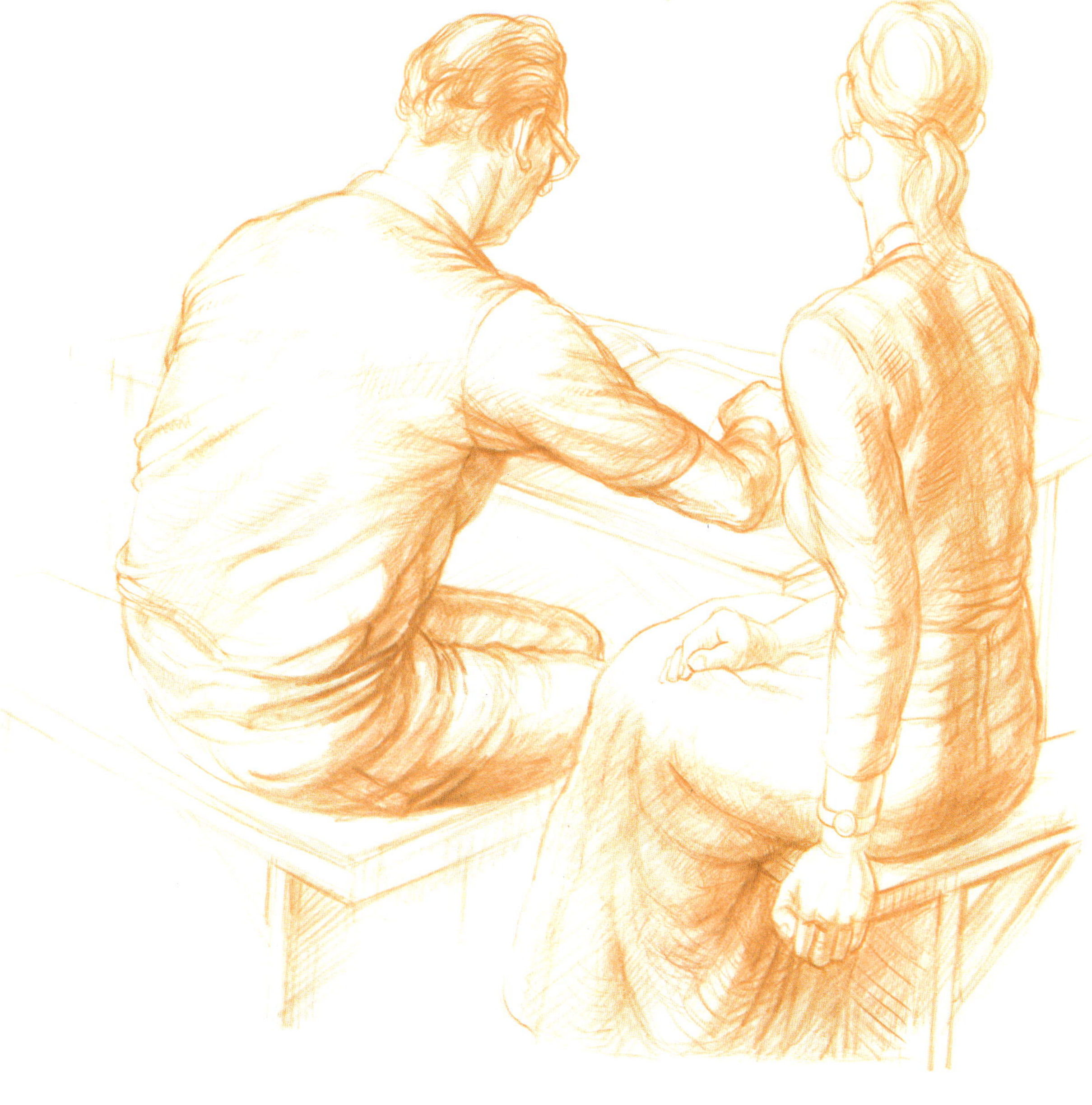

Der Eindruck von Fülle

Hosenbeine, Ärmel sowie Hemden und Blusen sind im wesentlichen zylindrisch; Abschlußränder und Säume sind daher oft gut zu verwenden, um die Körperform nachzubilden (Abb. 1). Manche Dinge wie beispielsweise ein Uhrenarmband am Handgelenk umschließen eine Körperstelle vergleichsweise straff, so daß sich mit ihrer Hilfe sehr gut ein »Schnitt« der Figur verdeutlichen läßt. Das gilt auch für engsitzende Kleidung wie einen Hemdenkragen mit Krawatte (Abb. 6) oder einen Rollkragenpullover (Abb. 4), die die dreidimensionale Darstellung erleichtern.

Locker fallende Kleidung kann – auch wenn sie die Form nicht betont – trotzdem den Eindruck von Fülle vermitteln, und manchmal kann man mit Ärmelkanten oder Kleidersäumen, die stellenweise dicht anliegen, durchaus für Kontur sorgen. Auch Linien, die zur Bekleidung gehören und am Körper entlang hinunterlaufen, lassen sich für die plastische Ausarbeitung der Figur zunutze machen – und sei es nur als einfache Mittellinie (Abb. 3).

Stoffmuster eignen sich oft sehr gut dazu, Körperformen zur Geltung zur bringen, und Streifen lassen sich als vorgefertigte Konturen mit einbeziehen. Bei Mustern und Streifen sollte man – einerlei ob sie als Striche oder Tonflächen in Erscheinung treten – immer die Form im Auge behalten. Achten sie z. B. einmal darauf, wie der Abstand zwischen Streifen scheinbar geringer wird, je näher sie an die Umrißlinie herankommen, bevor sie im Rücken verschwinden (Abb. 4).

Hüte und Mützen stellt man sich am besten als vorspringende Partien des Kopfes vor. Soweit die Krempe sichtbar ist, sollte sie möglichst die Kopfform noch unterstreichen (Abb. 5 und 7).

1

2

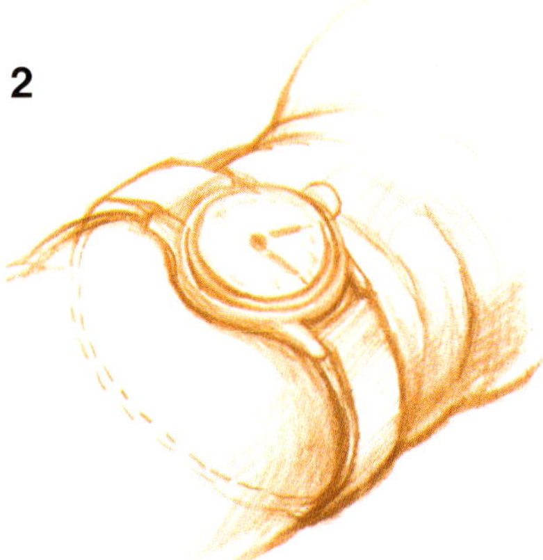

5

4

3

Oben, links und rechts: *Buchstäblich alles, was sich um einen Körperteil legt – vom Uhrenarmband bis zum Rollkragen – kann die darunter liegende Form nachzeichnen. Denken Sie daran, daß es Materialien gibt, die nicht jede Bewegung gleich »mitmachen«. Kleiderfalten muß man sorgfältig studieren; so lebendig sie oft eine Zeichnung machen, so sehr können sie sie aber auch beeinträchtigen – je nachdem, wie sie gezeichnet sind.*

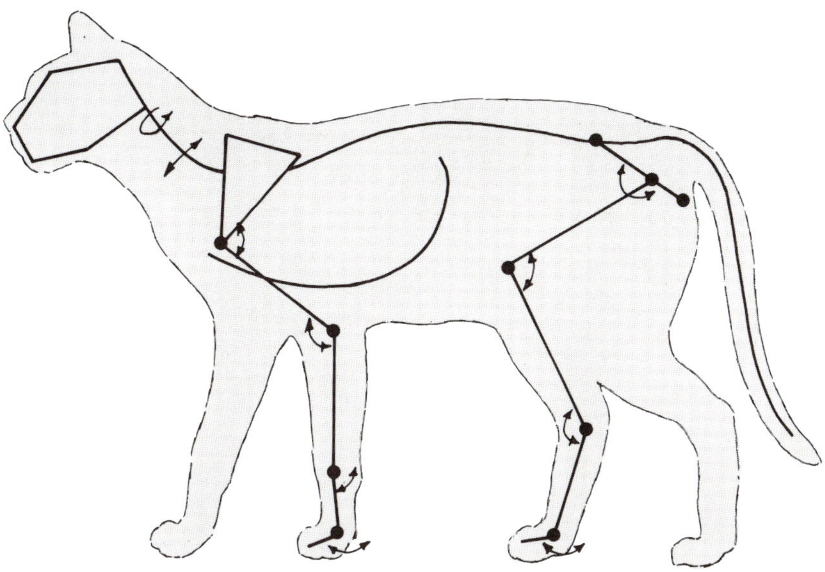

Sie sehen hier eine vereinfachte Zeichnung des Knochenbaues, der dem des Hundes sehr ähnlich ist. Tatsächlich besitzen beide Tiere dieselbe Anzahl von Wirbeln, aber die Katze ist schlanker gebaut und ist an Schultern, Becken und Brust schmaler. An den verschiedenen Strichzeichnungen auf diesen Seiten ist die Biegsamkeit der Wirbelsäule zu erkennen, die beim Hund nicht so ausgeprägt ist.

Wichtigster Orientierungspunkt dürften Richtung und Drehung der Wirbelsäule sein, gefolgt von den Winkeln an Schulterblatt und Bekken. Die über dem Rückgrat liegende Vertiefung zwischen den Schulterblättern ist besonders von hinten gut zu sehen. Katzen besitzen einen kompakten Schädel, durch den der gesamte Kopf rund wirkt, sowie einen vergleichsweise kurzen Hals.

Katzen: Körperform und Bewegung

Katzen sind Raubtiere: ihre Muskulatur muß Beweglichkeit gewährleisten. Die kräftig bemuskelten Hinterbeine verleihen Schnellkraft, die Muskeln an Hals und Schultern sind für das Schlagen und Transportieren der Beute wichtig.

Ähnlich den Diagrammen auf S. 140 und S. 141 beschreiben die Zeichnungen hier eine einfache Methode, die Gestalt des Tieres festzulegen und die kantigen Hilfskörper so umzumodellieren, bis sich eine realistischere Form herauskristallisiert.

Die unten wiedergegebene Sequenz von Bewegungsabläufen baut auf den fotografischen Bewegungsstudien von Eadweard Muybridge auf und demonstriert die Beschleunigung vom Gehen (A–C) zum langsamen Laufen (D–F) und zum rasanten Lauf in weiten Sprüngen (J–L).

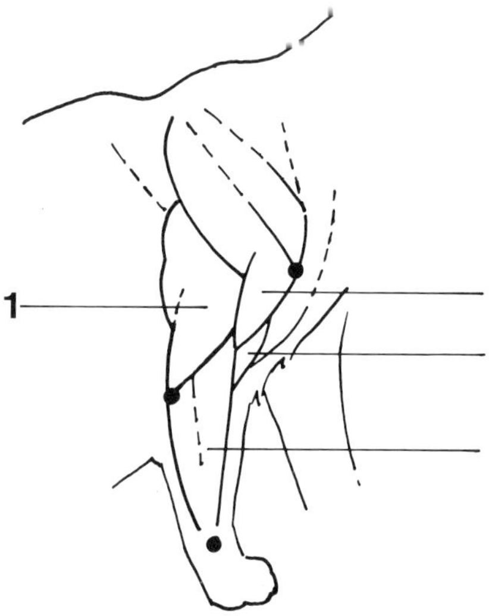

Vorderbein

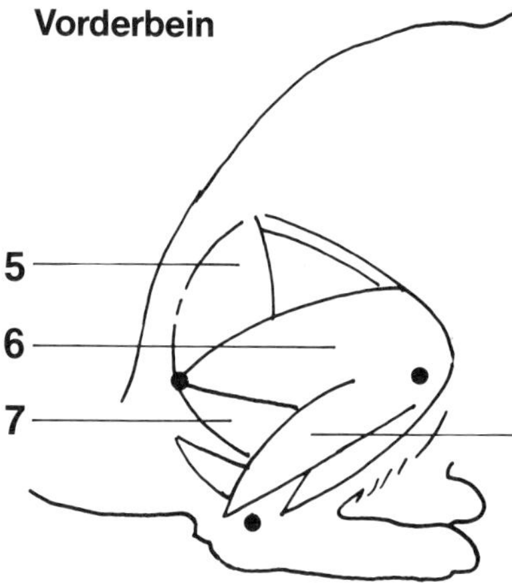

Hinterbein

Oben: *Einzelheiten der Beinmuskulatur.*

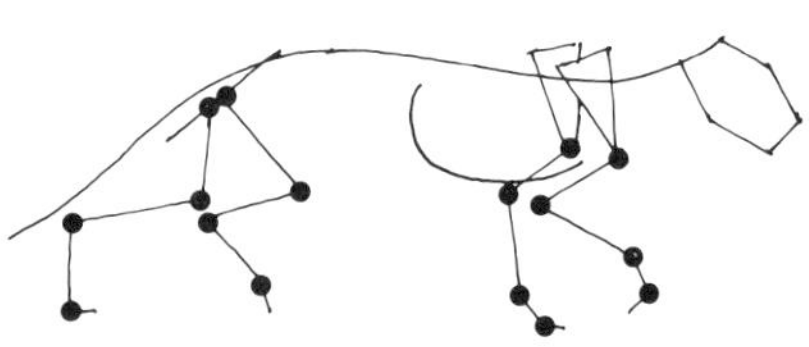

A

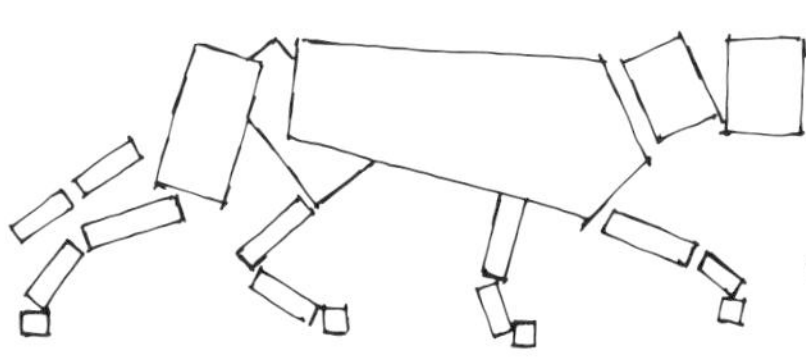

B

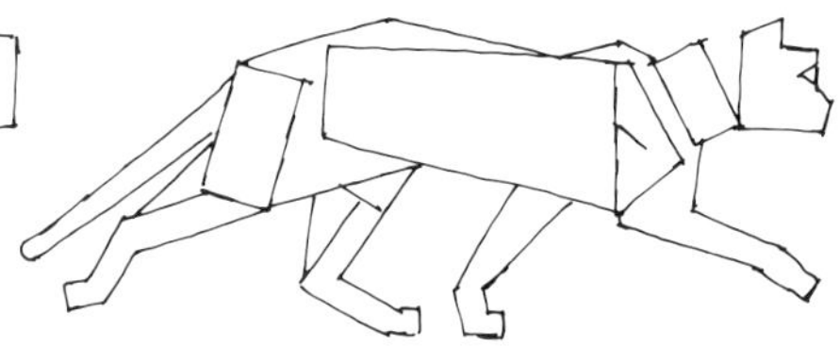

C

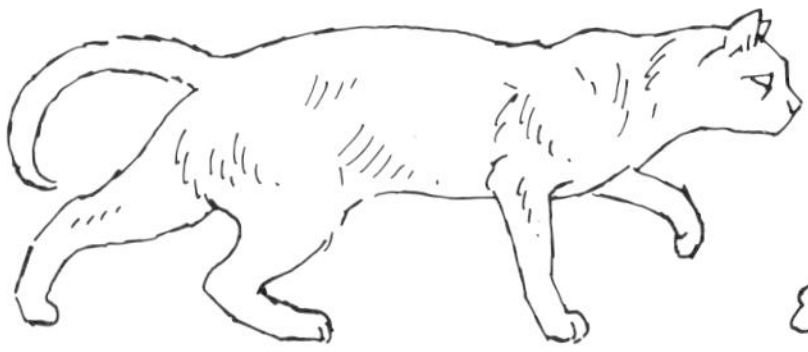

G

H

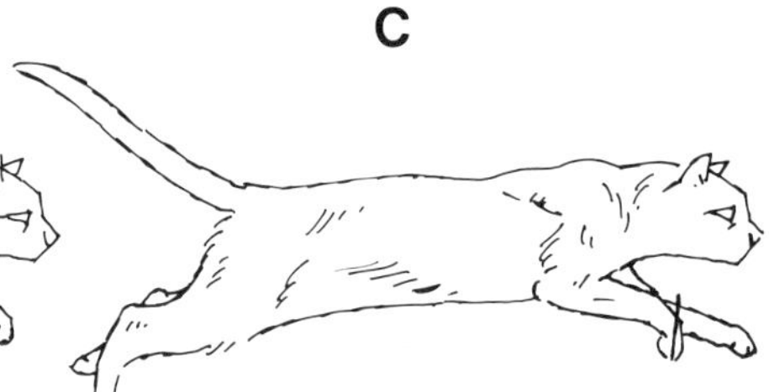

I

A: *Das Skelett wird in vereinfachter Form gezeichnet.*

B: *Sobald die Proportionen stimmen, wird die Figur durch Hilfskörper aufgebaut.*

C: *Fügen Sie ein und nehmen Sie weg, was nötig ist, damit die Figur klarer herauskommt.*

Erläuterung:
1. Trizeps (Vorderbein)
2. Handstrecker und -beuger
3. Bizeps (Vorderbein)
4. Deltamuskel
5. Gesäßmuskel
6. Trizeps (Hinterbein)
7. Bizeps (Hinterbein)
8. Wadenmuskel (Gastrocnemius)

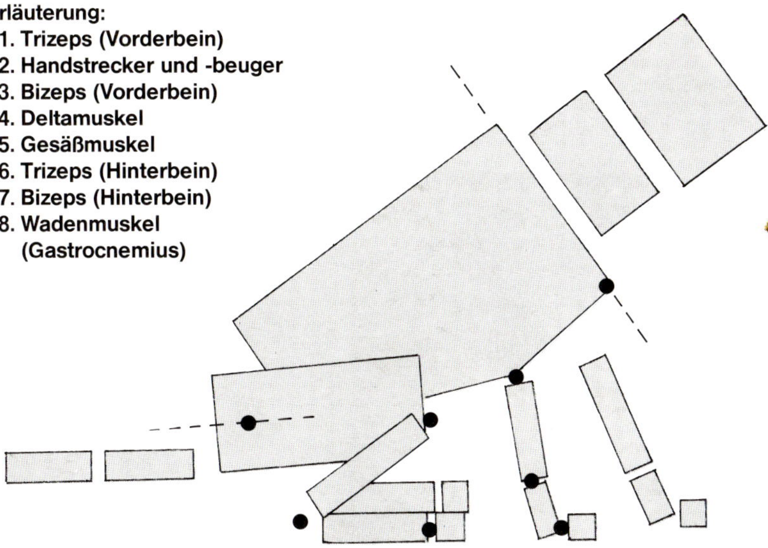

Oben links: *Geometrische Grundform der Katzengestalt. Die gestrichelten Linien deuten die Winkel an Schultern und Lenden an.*

Links: *Aufbau der Form durch Hilfskörper.*

Oben: *Kurzhaarige Hauskatze (oben), Perserkatze (Mitte) und Siamkatze (unten).*

D

E

F

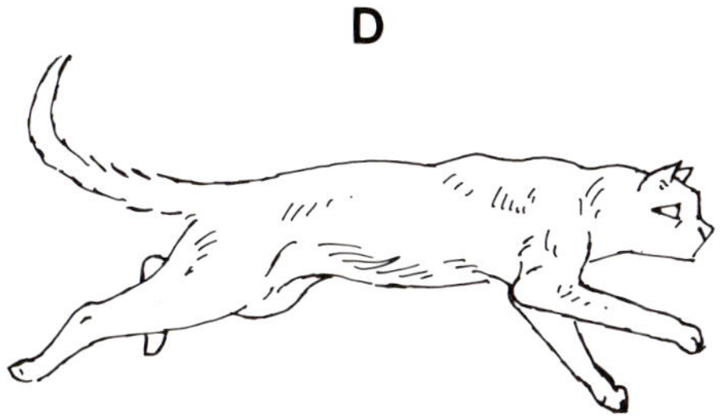

J

K

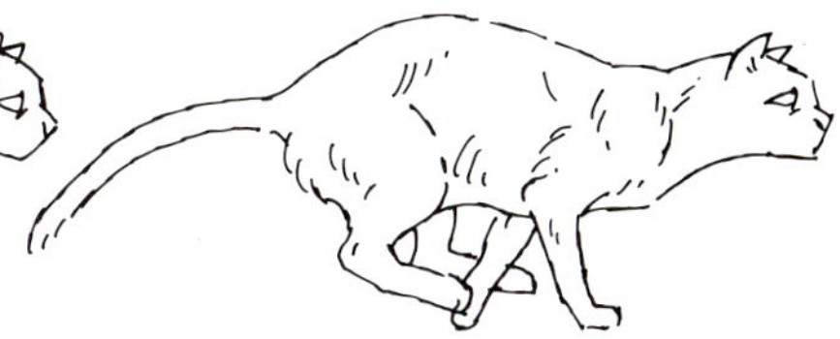

L

D: *Durch weichere Linienführung und gerundete Formen wirkt die Zeichnung allmählich naturgetreu.*

E: *Zum Schluß wird die Strichrichtung des Fells angedeutet.*

F: *Diese Abbildung sowie die Abbildungen G-L illustrieren den Bewegungsablauf beim Übergang vom langsamen Schritt in schnelles Lauftempo.*

Katzen: Details – Ein Motiv festhalten

Diese Studie einer Katze wurde mit schwarzer und weißer Conté-Kreide auf getöntem Papier gezeichnet; durch Verwischen wurde die Weichheit des Fells zur Geltung gebracht. Sie können aber auch Pastellstift oder Kreide mit Kohle verwenden. Tonzeichnungen sind eine gute Vorübung für das Malen mit Farbe; mit beiden Medien müssen Sie flächig arbeiten, und das erfordert ein gewisses Umdenken. Die Töne lassen sich durch Verwischen mit dem Finger oder einem Papierschnitzel mischen, aber stellenweise sollte die Farbe des Papiers noch durchscheinen. Am besten gehen Sie folgendermaßen vor:

Oben: *Ein Katzenkopf entsteht. Wie man bei dieser Conté-Zeichnung Schritt für Schritt vorgeht, ist im Text beschrieben.*

Unten: *»Kritzeln« Sie mit Conté-Kreide schwarze und weiße Striche auf die jeweilige Fläche, und verwischen Sie die Farben mit dem Finger.*

1. Zeichnen Sie mit der Kante einer weißen Conté-Kreide die Grundform des Kopfes, und markieren Sie die Stellen für Augen und Ohren, Nase und Maul.

2. Legen Sie nun die hellen Tonflächen auf Gesicht und Hintergrund ganz leicht gleichfalls in Weiß an. Daran anschließend folgen dann mit schwarzer Kreide die Details von Fellzeichnung und Gesichtszügen; der Körper wird ebenfalls dunkel getönt, insbesondere unter dem Kinn.

3. Verwischen Sie jetzt Schwarz und Weiß zu Grautönen. Abwechslungsreicher und lebendiger wird Ihr Werk, wenn der Zeichengrund stellenweise durchscheint bzw. gar nicht übermalt wird.

Es gibt keine zwei Katzen der gleichen Rasse mit völlig gleicher Fellzeichnung; manchmal fällt sie sogar bei einem Tier auf beiden Seiten unterschiedlich aus. Charakteristisch für manche Rassen ist allerdings manchmal eine bestimmte Anordnung von Flecken, Streifen und Zeichen. Bei der typischen getigerten Katze laufen drei Streifen entlang der Wirbelsäule, dazu kommen ein schmetterlingsförmiges Muster über den Schultern sowie eine austernförmig spiralige Markierung an den Flanken. Beine und Schwanz sind geringelt. Das typische Tigerkatzengesicht sehen Sie gegenüber. Die »Brille« und das M-förmige Zeichen auf der Stirn sind unverkennbar. Bei manchen Exemplaren laufen die Streifen rund um Körper, Beine und Schwanz.

An der Kopfform von Tiger- und Siamkatze ist der Unterschied zwischen den beiden große Gruppen von kurzhaarigen Haus- und Edelkatzen zu erkennen. Die dritte Gruppe bilden die langhaarigen Perserkatzen.

Ihre Krallen verbirgt die Katze normalerweise in einer Hautfalte am Zehenende, damit sie scharf bleiben, solange sie nicht gebraucht werden.

2

3

An den Vorderpfoten hat sie je fünf Krallen, von denen eine etwas höher an der Innenseite des Beines sitzt (die sog. Afterkralle), und an den Hinterpfoten je vier.

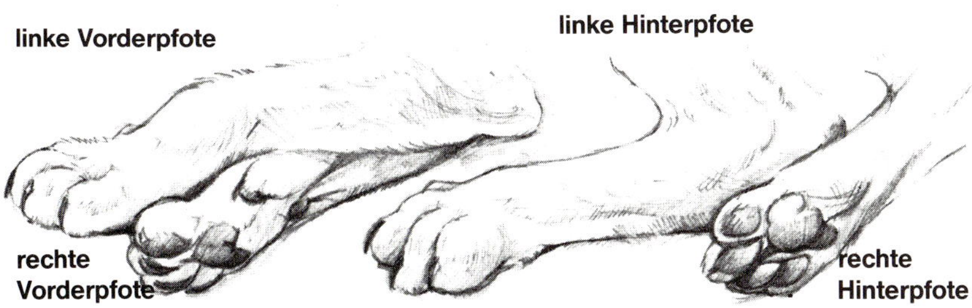

Links: *Ein grundlegender Unterschied zwischen den Katzenrassen besteht in den andersartigen Proportionen. Vergleichen Sie den Kopf einer kurzhaarigen Hauskatze (links) mit dem einer Siamkatze, und korrigieren Sie notfalls, ehe Sie weiterzeichnen.*

Links unten: *Sobald die Proportionen stimmen, können Sie sich den Details, wie beispielsweise den Pfoten, zuwenden. Man kann unmöglich jedes einzelne Haar zeichnen und sollte es gar nicht erst versuchen. Fließende Formgebung ist weit wünschenswerter als eine übergenaue, dafür um so strengere Darstellung.*

Pferde: Körperbau

Das Pferd von heute stammt von einem kleinen, leicht gebauten Tier ab, das einst in den Wäldern lebte. An den Vorderfüßen hatte es vier und an den hinteren drei Zehen, die es weit auseinanderspreizte, um in dem unebenen und sumpfigen Gelände Halt zu finden. Die dritte Zehe war kräftiger und trug den größten Teil des Gewichtes. Während das Tier an Größe zulegte, wurden die Knochen zwischen Fesseln und Zehen länger, und es begann, auf den Zehenspitzen zu laufen. Erst als dieses primitive Pferd auf festem Boden und offenem Grasland heimisch wurde, setzte ein neuer Entwicklungsprozeß ein, und es begann, auf nur einer Zehe zu traben und zu laufen.

In dem Diagramm oben rechts ist zu erkennen, daß eine lotrechte Linie vom Widerrist durch den Ellenbogen und entlang der Rückseite der Vorderhand verläuft. Das Schulterblatt ist in einem Winkel von ca. 30° zu dieser Linie angesetzt. Eine von den Sehnen der Hinterbeine ausgehende Linie setzt sich ungefähr bis zum Sitzbeinhöcker fort.

Eine detaillierte Seitenansicht des Pferdeskeletts finden Sie im Kapitel »Einführung in die Anatomie«. Vergleichen Sie sie mit der Abbildung auf dieser Seite, und stellen Sie fest, wo sich die Knochen an der Körperoberfläche abzeichnen.

Auch wenn sich die Tiere individuell voneinander unterscheiden, dürften die Angaben zum »Standardpferd« für Sie nützlich sein. Sie wissen dann, worauf Sie achten und welche Maße Sie berücksichtigen müssen. Als vorteilhaft erweist es sich immer, senkrechte Hilfslinien

Erläuterung:

1. **Schädelfront (Nasenbein)**
2. **Buggelenk (Oberarmkopf)**
3. **Oberarmbein (Sternum)**
4. **Vorderfußwurzelgelenk (Handwurzelgelenk)**
5. **Hintere Fessel**
6. **Ellenbogengelenk (verlängerte Elle)**
7. **Hinteres Knie (Kniescheibe)**
8. **Sprunggelenk (Verlängerung des Fersenbeins)**
9. **Hüftgelenk (Oberschenkel-Beckengelenk)**
10. **Gesäß (Sitzbeinhöcker)**
11. **Kruppe (vorderer oberer Beckenrand)**
12. **Lende (vorderer unterer Beckenrand) oder Hüftbeinkopf**
13. **Widerrist (Rücken- oder Brustwirbel)**
14. **Atlas (Teil der Halswirbel)**

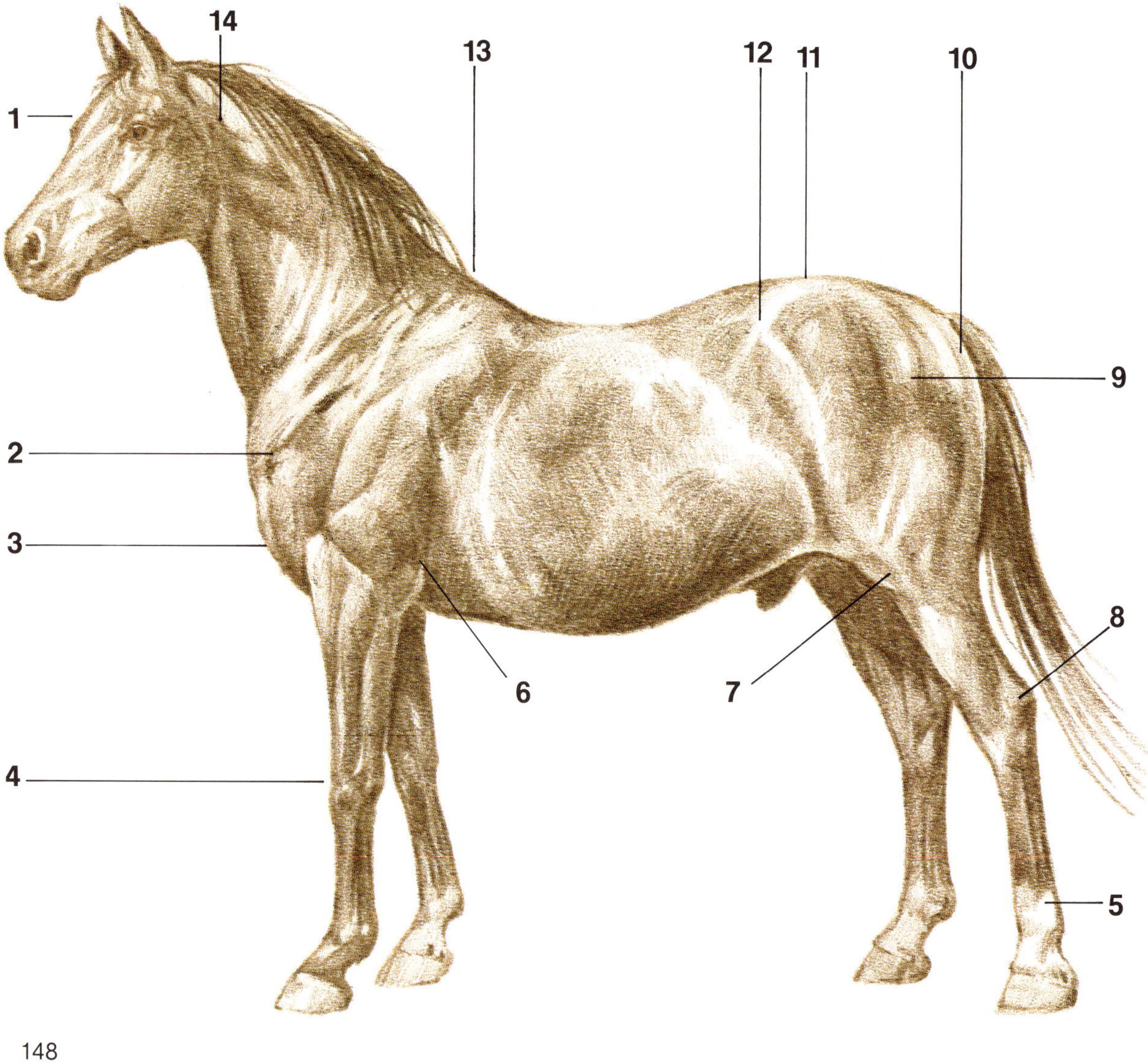

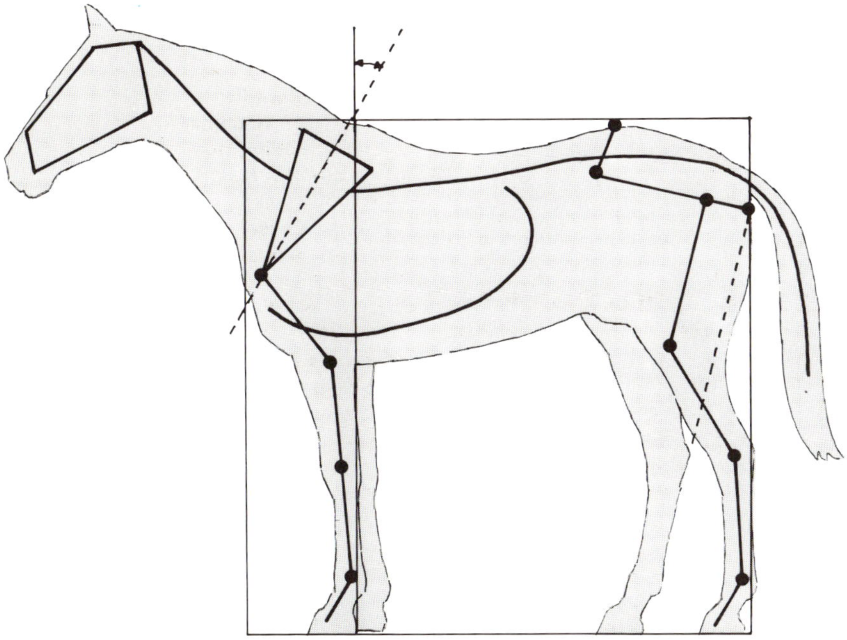

von bestimmten Stellen aus einzuzeichnen, z.B. vom Widerrist, von der Schulterspitze oder der Kruppe, und festzustellen, durch welche Punkte an den Beinen sie laufen. Mit einem Bleistift oder Stöckchen können Sie abschätzen, welche Stellen in vertikaler oder horizontaler Richtung übereinstimmen.

Ein wichtiger Faktor beim Zeichnen ist die Fähigkeit, das Verhältnis zwischen den Hauptmerkmalen am Modell zu vergleichen und dann das Ganze aus dem Gedächtnis zu Papier zu bringen. Je mehr Sie dies üben, desto besser wird Ihr Erinnerungsvermögen; doch zuvor müssen Sie lernen zu sehen, zu denken, und alles miteinander zu verknüpfen, bevor Sie es wiedergeben.

Links: *Beim Pferd zeichnen sich manche Knochen an der Körperoberfläche ab, so daß Sie sich von Anfang an beim Zeichnen daran orientieren können.*

Oben: *Vereinfacht dargestellte Skelettstruktur des »normalen« Pferdes.*

Unten: *An den Skizzen eines Fohlens (links) und eines erwachsenen Pferdes sehen Sie, wie Sie mit den Skelettdiagrammen arbeiten können und wie sie sich dem Körperbau des jeweiligen Pferdes angleichen lassen.*

Pferde: Körperform

Die Muskulatur des Pferdes ist unschwer zu erkennen, und die auffälligsten Partien sind in dem untenstehenden Schema abgebildet. Wer Pferde zeichnen will, sollte sich besonders gründlich mit der Anatomie befassen, weil gerade hier falsche Proportionen sofort ins Auge fallen.

Die Lauf- und Sprungmuskulatur ist gut ausgebildet, am massivsten an der Hinterhand und den Schultern, und von hier aus werden durch eine Reihe von abwärts- und schrägverlaufenden Sehnen die Beine betätigt.

Der Wadenmuskel (Gastrocnemius) tritt beim Pferd weit weniger in Erscheinung als beim Hund, weil er vom derben Bizeps überlagert ist. Achten Sie auch auf den Musculus vastus, ein über Bizeps und Trizeps verlaufendes Muskelband. Besonders auffällig an der Vorhand ist immer der Trizeps.

Die Skizzen zeigen wieder, daß sich die äußere Form durch kastenähnliche Hilfskörper vereinfachen läßt; die Gelenke sind durch Punkte markiert. In der Skizze unten rechts ist zu erkennen, wie sich die Hilfskörper in die natürliche Gestalt einfügen.

Erläuterung:
1. Supra spinatus
2. Deltamuskel
3. Bizeps
4. Extensor metacarpi
5. Extensor pedis
6. Flexor metacarpi
7. Trizeps
8. Flexor metatarsi
9. Flexor perforans
10. Gastrocnemius
11. Bizeps
12. Großer Vastus
13. Semitendinosus
14. Gluteus medius

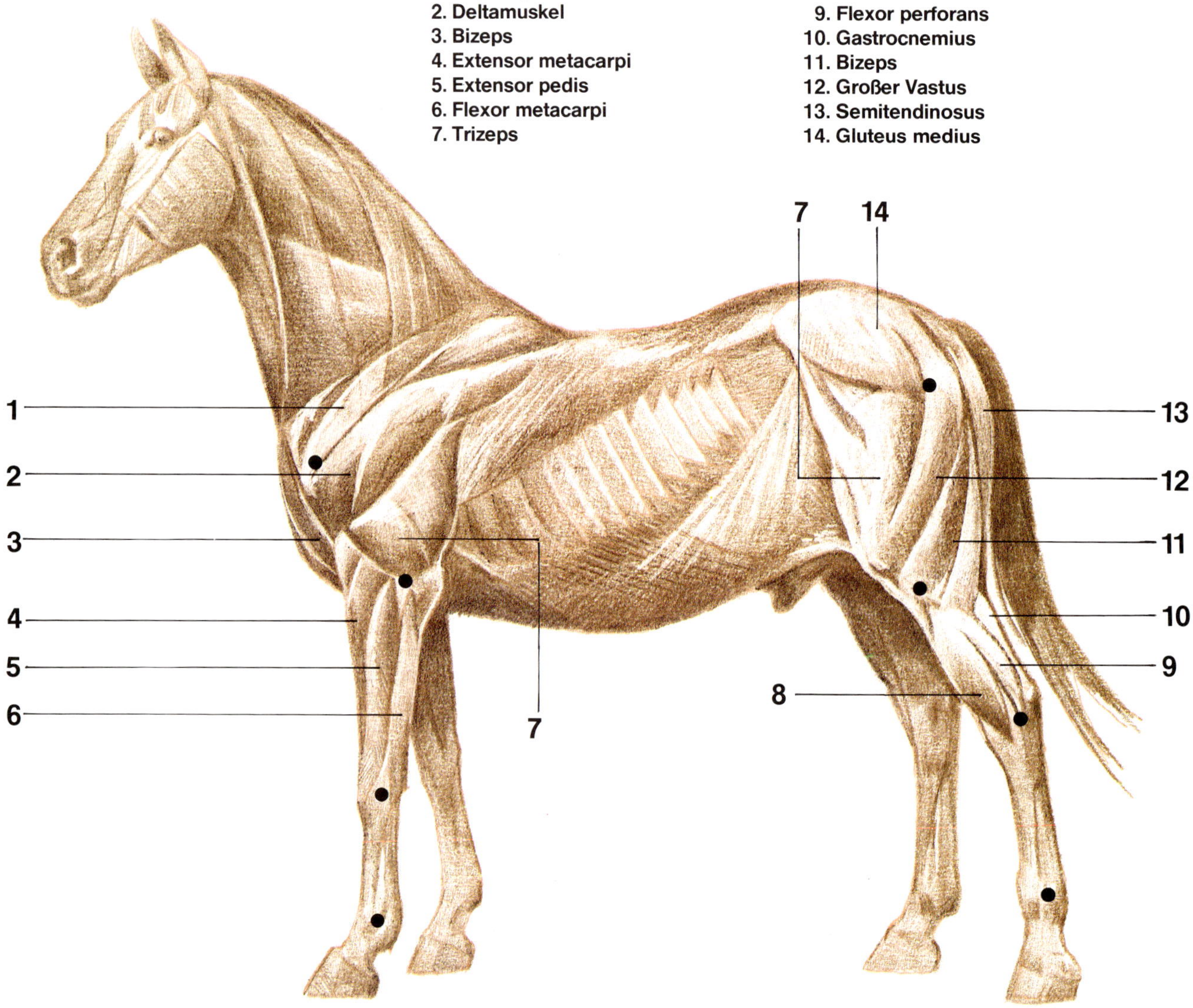

Gegenüberliegende Seite: *Studie zum Muskelaufbau.*

Links: *Entstehung eines Pferdekopfes – vom Aufbau durch Hilfskörper bis zur fertig ausgearbeiteten Zeichnung.*

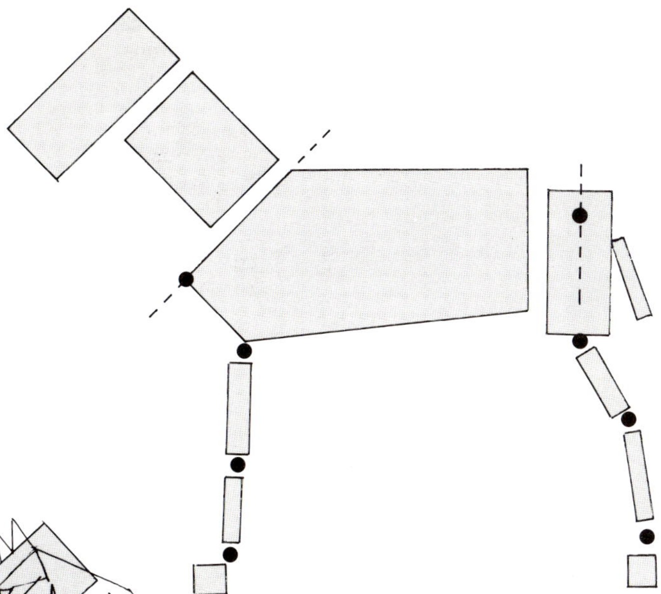

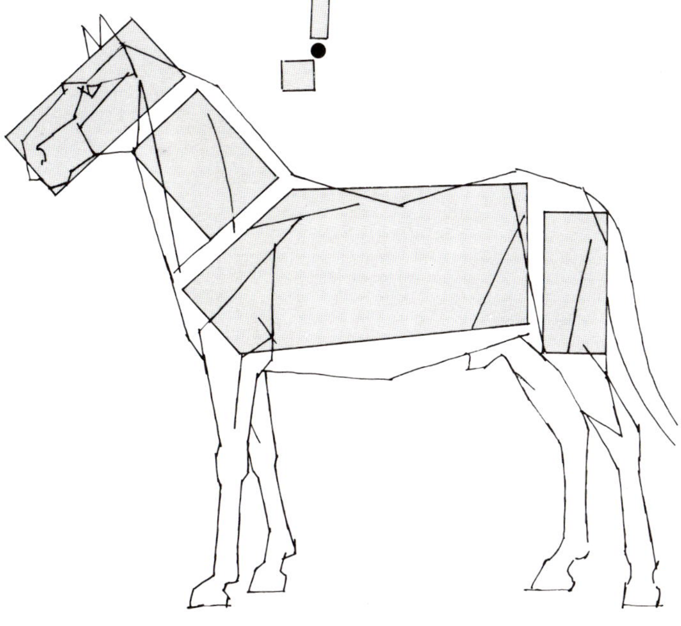

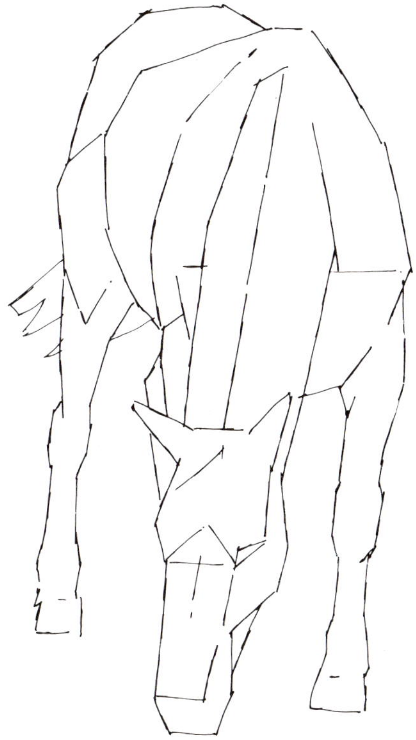

Links oben: *Schematische Darstellung eines Pferdes mit seinen wichtigsten Gelenken und Körperwinkeln.*

Links: *Einpassung der Hilfskörper in eine natürlichere Körperform.*

Oben: *Erste Vorzeichnung zur Darstellung eines grasenden Pferdes.*

Pferde: Ein Motiv festhalten

Pferderassen gibt es in großer Zahl – angefangen bei den kleinen Ponys wie den Shetlands bis zum derben englischen Shirehorse. Obwohl alle Rassen von der Knochenstruktur her gleich gebaut sind (mit Ausnahme der Araber, die statt der üblichen sechs nur fünf Lendenwirbel haben), ist es erstaunlich, wie stark sie sich in ihrer Gestalt voneinander unterscheiden können.

Jedes Pferd hat eine andere Farbe oder Zeichnung, und die drei hier gezeigten Varianten sind nur einige von vielen. Im übrigen sind Pferde auch im Gesicht unterschiedlich gezeichnet.

Auf dem glänzenden Fell eines gestriegelten dunklen Pferdes gibt es Stellen, an denen das Licht besonders reflektiert wird – vor allem

Oben und ganz oben: *Einige Vertreter der vielen verschiedenen Pferderassen, die sich voneinander in Größe, Form und Farbe unterscheiden. Die Zeichnungen im Gesicht wechseln von Tier zu Tier und reichen von der weißen Laterne bis zum weißen Stern.*

1

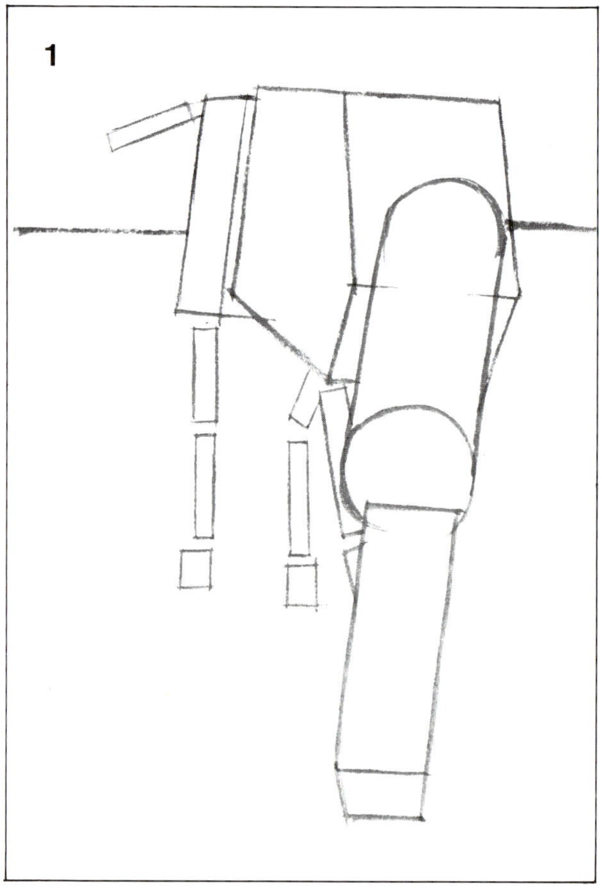

Oben: *Zeichnen Sie den Aufbau ganz leicht mit Bleistift, Kohle oder verdünnter Farbe vor, und korrigieren Sie so lange, bis Ihnen die Komposition gefällt.*

an der Schulter- und Lendenpartie und an den Flanken, wo verschiedene Strichrichtungen des Fells aufeinandertreffen. Dies alles erschwert die Arbeit ein wenig, stellt aber eine reizvolle Herausforderung für Ihr zeichnerisches Talent dar. Zu Demonstrationszwecken wurden für die Darstellung des Pferdes die Farben Schwarz und Weiß gewählt – im übrigen eine recht brauchbare Methode, sich ohne mühsames Mischen und Abstufen an den Umgang mit Farbe zu gewöhnen. Statt mit einem spitzen wurde hier die Farbe mit einem kleinen Flachpinsel aufgetragen – ein Beispiel für großzügige Pinselführung, durch die weniger das Detail als vielmehr die Form festgehalten wird.

Oben: *Legen Sie den Hintergrund und die Körperformen in einem mittleren Grauton grob an, und versuchen Sie dabei, den Pinsel in Richtung der Körperneigungen zu führen. Durch immer stärkere Grautöne wird dann der Körper nach und nach herausgearbeitet.*

Oben: *Nun werden mit weißer Farbe Lichter aufgesetzt und die starken Schatten weiter nachgedunkelt. Fügen Sie einige Details ein, aber sparsam – nichts macht ein Bild unnatürlicher als zu viele, pedantisch festgehaltene Details.*

Bewegung einfangen

Tiere in langsamer und rascher Bewegung zu studieren ist ohne die Unterstützung von Fotografien offenbar ziemlich schwierig. Selbst ein so großer Tiermaler wie George Stubbs stellte galoppierende Pferde mit vier gestreckten Beinen dar. Mit der Entwicklung der Fotografie im 19. Jahrhundert eröffneten sich den Künstlern neue Wege für die Darstellung von Tieren in der Bewegung.

Eadweard Muybridge war es, dem es gelang, durch fotografische Bewegungsstudien zu beweisen, daß das galoppierende Pferd seine Füße in der Luft zusammenzieht und für den Bruchteil einer Sekunde den Boden nicht berührt. Sein Werk hatte einen enormen Einfluß auf die Cowboy-Gemälde der amerikanischen Künstler Remington und Russell und auf die Pferdebilder von Sir Alfred Munnings.

Fotografisch genaue Darstellungen fallen aber selten zufriedenstellend aus, weil sie vom künstlerischen Standpunkt her Bewegung in einem

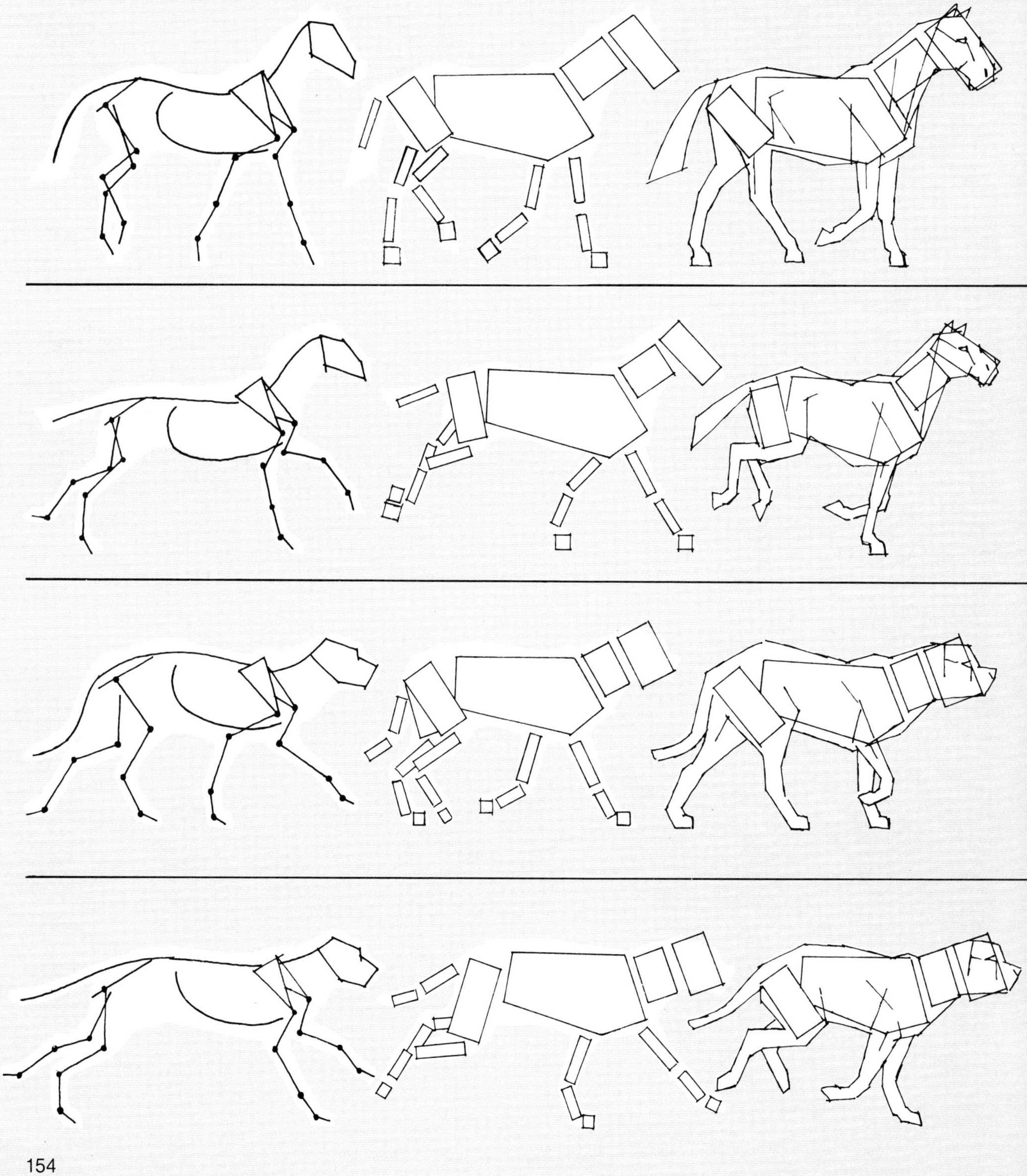

ungünstigen Moment festhalten. Der Eindruck von Bewegung offenbart sich am nachhaltigsten in dem Augenblick, in dem sich ein Tier nicht ganz im Gleichgewicht befindet – wenn es beispielsweise gerade ein oder zwei Füße nicht auf dem Boden hat. Versuchen Sie, Füße oder Pfoten etwas weniger ausgeprägt, d.h. ein wenig flüchtiger darzustellen.

In den Skizzen unten sind Fotostudien von Eadweard Muybridge mit den Zeichenmethoden unterlegt, die wir in diesem Buch erläutert haben. Sie sehen Zeichnungen von Pferd und Hund in langsamer und schneller Gangart – angefangen beim Strichdiagramm des Skeletts und dem Aufbau mit Hilfskörpern bis zur detaillierten Ausarbeitung und plastischen Formgebung durch Schattierung und Tonflächen.

Unten: *Bewegungsabläufe bei Pferd und Hund in langsamer und schneller Gangart. Am Anfang steht die vereinfachte Skelettzeichnung, aus der heraus sich nach und nach die Form entwickelt.*

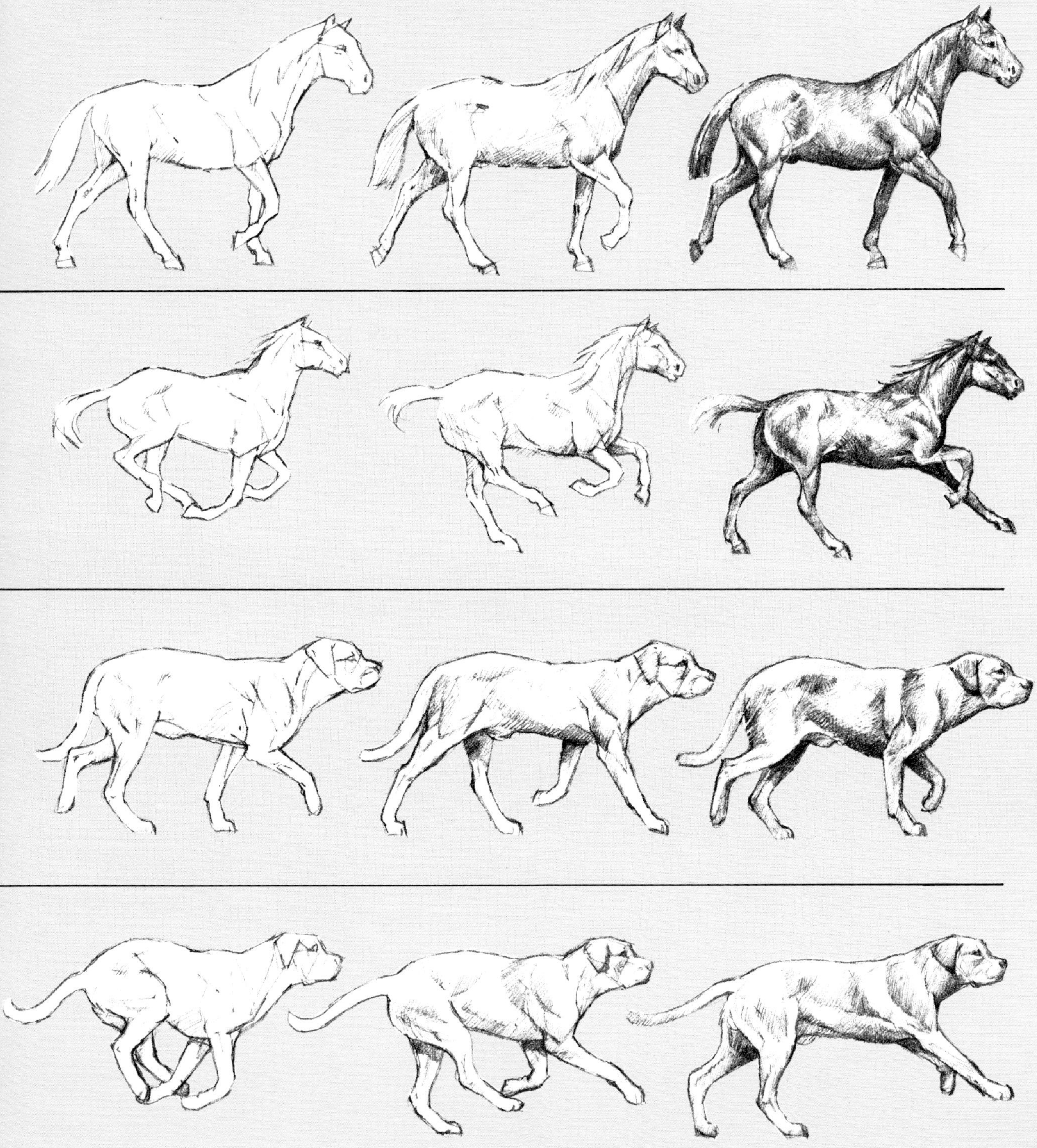

Vögel: Körperform und Körperbau

Ideal zum Zeichnen und Malen sind Vögel mit wenig ausgeprägtem Temperament wie z.B. Enten. Der Knochenbau von Vögeln weist einige grundsätzliche Ähnlichkeiten mit dem Säugetierskelett auf, und die Knochen tragen dieselben Bezeichnungen.

Vogelgestalten lassen sich viel leichter zu geometrischen Formen vereinfachen – drei Ovale oder Ellipsen reichen für die Umrisse fast aller Exemplare aus, und wie man von Anfang bis Ende vorgeht, zeigen die Skizzen auf dieser Seite.

Auf der letzten der vier Abbildungen ist das Gefieder angedeutet. Achten Sie auf die Art und Weise, in der die Deckfedern bei ausgebreiteten oder angelegten Flügeln einander überschneiden. Während die Flügel- bzw. Schwungfedern bei allen Vogelarten zahlenmäßig nahezu gleich sind, unterscheiden sie sich in der Form und bilden Schwingen, die den Lebensbedingungen der jeweiligen Spezies am besten gerecht werden.

Unten: *Die Gestalt vieler Vögel läßt sich durch einfache geometrische Formen andeuten, auf denen dann die detaillierte Ausarbeitung aufbaut – nach Belieben in Farbe. In der Skizze oben links ist das vereinfacht dargestellte Skelett in die äußeren Umrisse eingezeichnet.*

Erläuterung:
1. **Deckfedern**
2. **Nebenfedern**
3. **Federn der ersten Reihe**
4. **Speiche**
5. **Brustbeinkamm**
6. **Schienbein/Wadenbein**
7. **Zehen**
8. **Mittelfuß**
9. **Oberschenkel**
10. **Schulterblatt**
11. **Oberarm**
12. **Elle**
13. **Zeigefinger**
14. **Mittelhand**

Oben: *Aus dieser rasch hingeworfenen Skizze spricht die Geschäftigkeit und Flinkheit der meisten Vögel.*

Mitte: *Detailstudien zum Gefieder; Vogelskelett.*

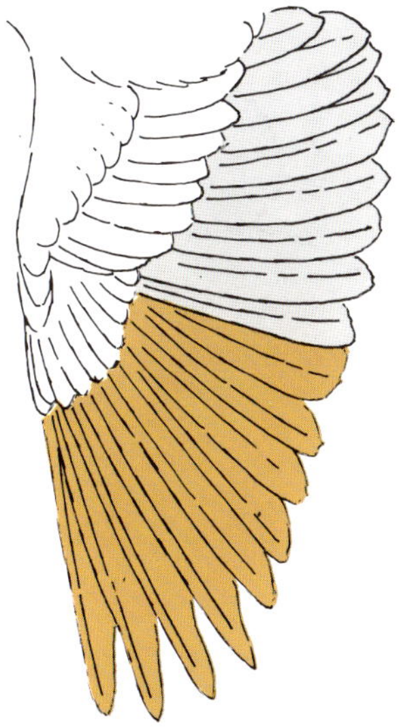

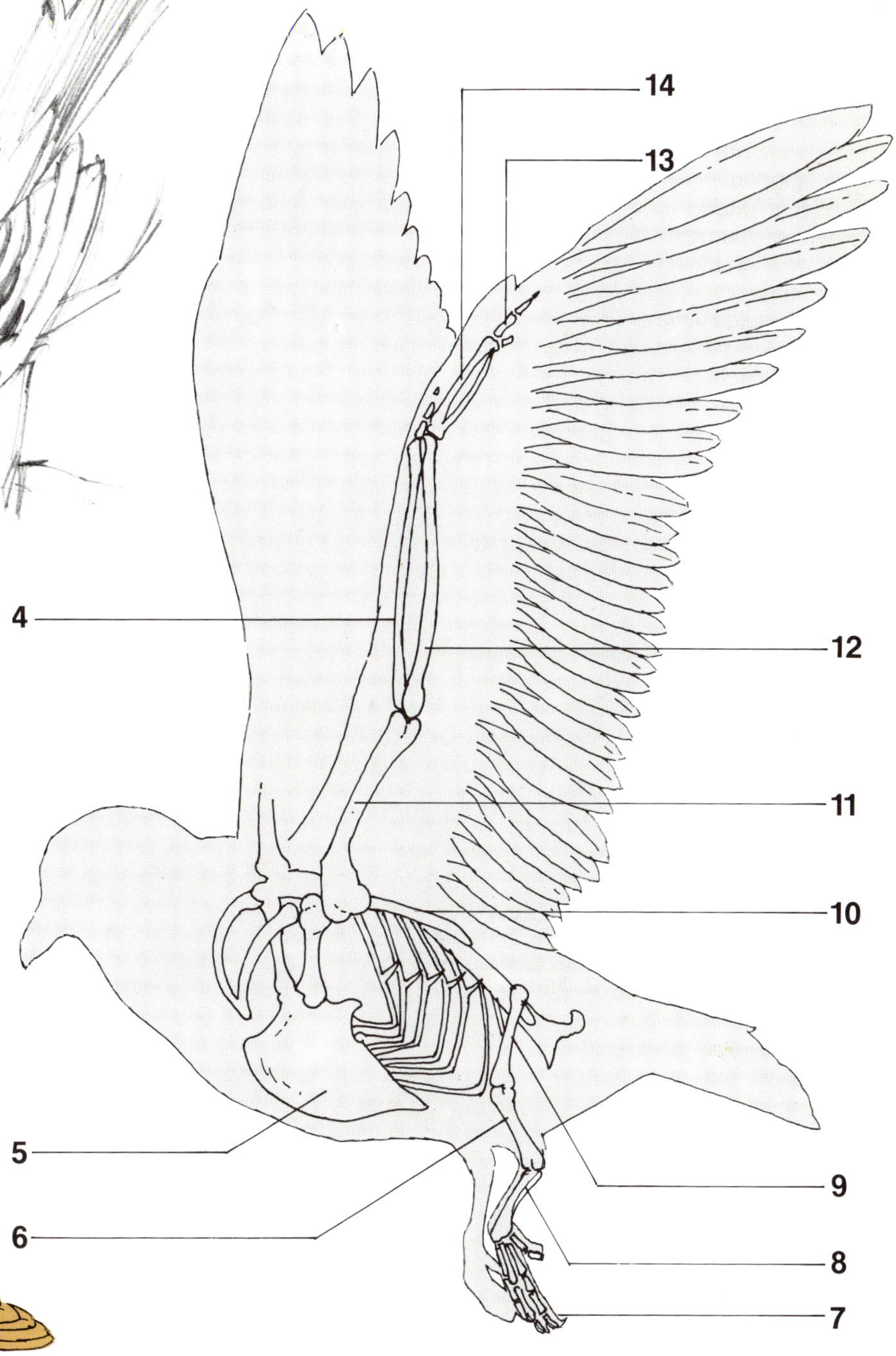

Unten: *Flügelform und -stellung einer Ente im Flug.*

Ein Vogelaquarell entsteht

Große Vögel mit kompakter Statur wie z.B. der Pelikan sind wesentlich müheloser nach der Natur zu malen als kleine, hektische Vögelchen. Verwendet wurde Kreide und Aquarellfarbe – einschließlich Weiß – auf hell getöntem Papier.

1. Zeichnen Sie den Vogel wie auf S. 156 beschrieben, und kennzeichnen Sie Schnabel und Füße durch entsprechende Linien.

2. Umreißen Sie nun mit Farbstift die Formen von Schnabel, Flügeln und Beinen.

3. Durch sparsame Farbschattierung auf Hintergrund und Vogelkörper wird die Form leicht modelliert, dann fügen Sie weitere Details an Schnabel und Füßen ein.

4. Als nächstes arbeiten Sie mit Aquarellfarbe die Kompaktheit des Körpers sowie die Form von Brust und Bauch plastisch aus.

5. Mit Weiß wird die Form betont und vom Hintergrund abgehoben. Der Zeichengrund scheint an manchen Stellen noch durch.

6. Zum Schluß werden die Details an Gesicht, Schnabel und Füßen eingefügt, und das gesamte Bild wird mit feinen Pinsel- und scharfen Bleistift- bzw. Kreidestrichen klarer herausgearbeitet.

Diese Kombination von Medien eignet sich ideal für Farbstudien vom lebenden Modell. Zeichnen Sie soviel wie möglich mit Kreide und – soweit Sie Zeit haben – zusätzlich mit dünnen Farbaufträgen, C.F. Tunnicliffe bediente sich bei seinen Vogelskizzen dieser Technik auf getöntem Papier.

Das Zeichnen und Malen von Vögeln kann ein ganzer Themenbereich für sich sein. Aber alles, was Sie besonders gern malen, kann zum Ausgangspunkt für Ihre künstlerischen Ambitionen werden. Letztlich zählt nicht das, was Sie malen, sondern die Arbeit, die Sie im Laufe der Jahre investieren, um Erfahrungen zu sammeln und Können und Sachkenntnis zu erweitern.

1

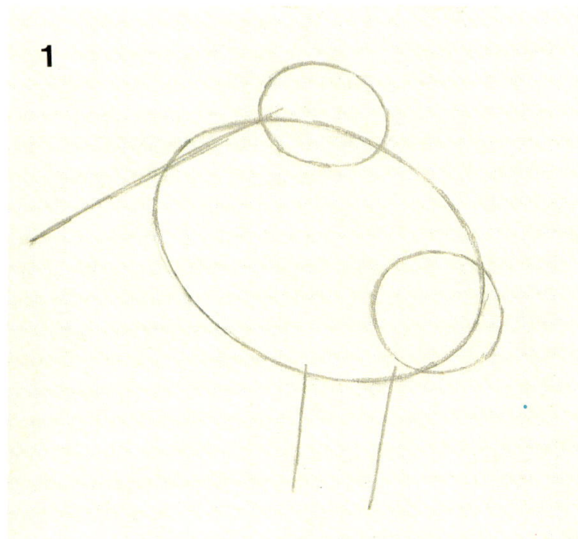

2

3

4

5

6

Tierskizzen im Zoo

Tiere sind von Natur aus nervös und unruhig, und deshalb wird zu Anfang wohl manche nach dem lebenden Modell entstandene Zeichnung unvollendet bleiben. Doch mit wachsendem Selbstvertrauen arbeitet man dann auch schneller.

Ratsam ist es, an mehreren Zeichnungen gleichzeitig zu arbeiten, d.h. das betreffende Tier in verschiedenen Körperstellungen festzuhalten, die es häufig einnimmt. Gewiß verbrauchen Sie dabei eine Menge Papier, aber die Erfahrung, die Sie mit jeder unfertigen Skizze sammeln, bringt Sie einen Schritt weiter und kommt der nächsten Zeichnung zugute. Nach mehreren Studien kennen Sie das jeweilige Tier immer besser und bekommen einen geübteren Blick für Ihr Modell – ein Vorteil, den Fotografien nicht bieten können.

Die Zeichnungen auf dieser Seite stammen aus dem Skizzenbuch des Verfassers. Nicht jede ist ein Meisterwerk, weil der Faktor Zeit eine so ausschlaggebende Rolle spielt, daß keine Gelegenheit zum Radieren oder für feinere Korrekturen bleibt. Empfehlenswert für diese Arbeit sind feine Federn, die reichlich Tusche aufnehmen, Tuschefüller mit dünner Spitze oder Federn mit Nylonspitze.

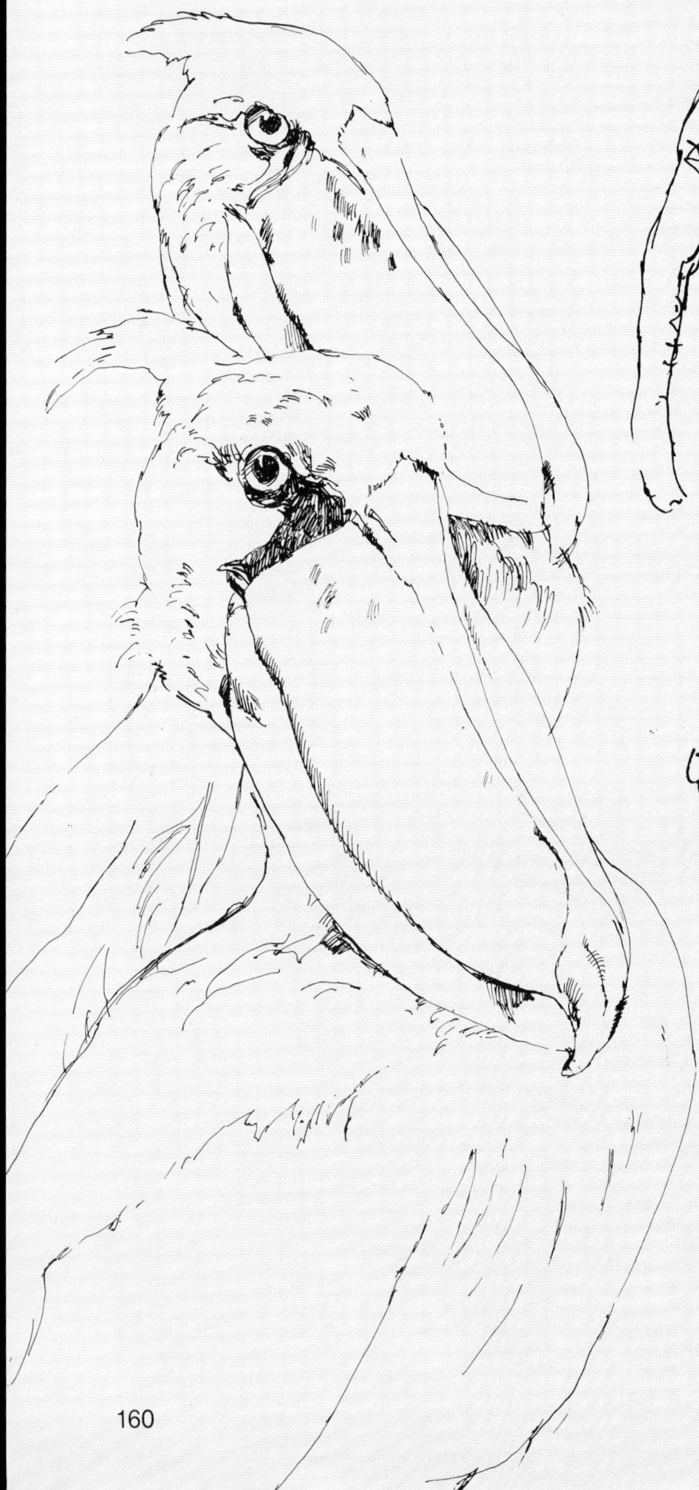